融媒体时代
电视媒体转型探索

肖洒 著

延边大学出版社

图书在版编目（CIP）数据

融媒体时代电视媒体转型探索 / 肖洒著. -- 延吉：
延边大学出版社，2023.9
ISBN 978-7-230-05443-0

Ⅰ．①融… Ⅱ．①肖… Ⅲ．①电视—传播媒介—研究
Ⅳ．①G22

中国国家版本馆 CIP 数据核字 (2023) 第 173933 号

融媒体时代电视媒体转型探索

著　　者：肖　洒
责任编辑：宋小凤
封面设计：文合文化
出版发行：延边大学出版社
社　　址：吉林省延吉市公园路 977 号　　　　邮　　编：133002
网　　址：http://www.ydcbs.com
E-mail：ydcbs@ydcbs.com
电　　话：0433-2732435　　　　　　传　　真：0433-2732434
发行电话：0433-2733056
印　　刷：三河市嵩川印刷有限公司
开　　本：787 mm×1092 mm　1/16
印　　张：8.75　　　　　　　　　　字　　数：200 千字
版　　次：2023 年 9 月　第 1 版
印　　次：2023 年 9 月　第 1 次印刷
ISBN 978-7-230-05443-0

定　　价：58.00 元

前　　言

在传统媒体时代，电视媒体因其丰富的内容、近乎垄断的渠道优势，以及视听兼备、现场感强、同步直播等媒介特征成为第一媒体。然而，21世纪以来，伴随着数字技术、网络技术、通信技术的飞速发展，我国乃至全球的传播媒介都发生了深刻的变化。一方面，互联网和手机等新兴媒体呈现出越来越强劲的发展势头；另一方面，以电视为代表的传统媒体正在通过变革和融合求得生存与发展。从内容生态布局到全媒体技术矩阵打造，从平台再升级到商业模式再创新，从行业思维重塑到产业流程再造，传统媒体的生态圈正在发生颠覆性的变革。在当前的媒体融合时代，深入研究电视媒体、新兴媒体及电视传播相关技术发展、观点理念、平台架构、运营模式、内容分发、传播方式、媒体融合、用户接受、管理体制等方面的新现象、新问题，具有非常现实和重要的意义。

本书以融媒体时代电视媒体的转型主要研究对象，以媒介融合的介绍为切入点，研究了媒介融合对电视媒体转型的影响。本书立足于融媒体时代，利用传播学、电视学等多学科理论与多种研究方法，对电视媒体及电视传播的现象、问题进行多角度、多层面的探索，力求让读者了解到融媒体时代电视媒体转型的迫切性与重要意义。本书结构清晰，层次分明，语言简洁明了，兼具理论与实际应用价值，既强调理论上的深度，又注重与实践应用紧密相连，真正做到了理论指导实践，实践验证理论，可供相关工作者参考和借鉴。

本书虽屡经修改，但书中仍难免会存在一些疏漏和错误之处，恳请广大读者批评、指正，提出宝贵的修改意见，笔者不胜感激。

目　录

第一章　融媒体时代的到来

第一节　媒介融合的内涵

随着数字技术和信息技术的飞速发展，以互联网为代表的新媒体经历了从诞生到逐步发展壮大的过程。新媒体改变了旧的新闻信息传播方式，并重塑了新的媒介生态和传播格局，其中最显著的特征便是融媒体趋势的逐渐明朗，即新闻传播产业在媒介形态、媒介功能、传播手段、资本所有权、组织机构等要素方面逐渐开始聚合和演进。在这种趋势下，以一种"全能型"媒介的形式生产新闻已现端倪，以致形成了一种崭新的新闻传播形态——媒介融合。

一、媒介融合的概念及其表现形式

"媒介融合"的概念最早由麻省理工学院的浦尔教授提出，他认为"媒介融合是指各种媒介都呈现出多功能一体化的趋势。"后来，美国新闻学会媒介研究中心主任尼尔逊重新定义了"媒介融合"，他认为"媒介融合就是印刷的、音频的、视频的、互动性数字媒体组织之间的战略的、操作的、文化的联盟。"事实上，媒介融合早在传统媒介中就有所体现，只是并没有提出来。例如，电视媒介吸收报纸媒介的内容，产生了电视读报节目；报纸媒介与电视媒介合作，转载电视访谈（谈话）节目的文本内容等。

到了数字媒介阶段，网络媒介本身就是媒介融合的结果，它将传统媒介的各种符号形式融为一体，在同一平台上充分展示文字、图片、音频、视频等多媒体内容。互联网的出现，把媒介融合推向了一个更高的境界。报纸与网络相互融合产生了网络报纸，广播与网络相互融合产生了网络广播，电视与网络相互融合产生了网络电视，手机媒介与报纸、电视相互融合产生了手机报、手机电视等。需要注意的是，媒介融合并不是多种媒介内容和形式的简单叠加，而是通过发挥各种媒介形式的优势，扬长避短，实现融合后的最佳效果。

媒介融合的表现形式主要有两种：其一，在传媒业界跨领域的整合与并购，组建大型的跨媒介传媒集团；其二，融合媒介技术，将新的媒介技术与旧的媒介技术联合起来，形成新的传播手段，甚至是全新的媒介形态。

二、媒介融合的具体类型

媒介融合现象在形成的过程中可以划分出不同的类别，由于各自的分类方法不同，所以存在着不同的分类标准。2003 年，美国西北大学教授李奇·高登根据不同传播语境下的"conver-gence"所表达的含义归纳了美国当时存在的五种"媒介融合"类型，即所有权融合、策略性融合、结构性融合、信息采集融合、新闻表达融合。而提出"融合连续统一体"概念的戴默也根据自己的观察和理解提出了另外五种模式，即交互推广、克隆、合竞、内容分享、融合。综合来看，这两种分类虽有不同，但也有重叠之处。李奇·高登的划分则更侧重媒介融合涉及的各种因素，而戴默的划分更侧重媒介融合在新闻生产过程中的实际操作。国内很多学者也对"媒介融合"进行过划分，但大都不会脱离这两种划分方法。为了全方位地认清媒介融合的类型，下面将对二者进行一定程度的综合和调整，并结合我国的实践，按"媒介所有权合并""媒介技术融合""媒体间战术性联合""新闻报道融合""媒介组织结构性融合""新闻从业者的技能融合"这六种类型来讨论媒介融合。

（一）媒介所有权合并

媒介所有权合并是指媒介所有权的集中，是当今时代新闻业在传媒组织（集团）

这一层面的最高级别融合。美国几个大的传媒集团，如维亚康姆集团、华特迪士尼公司、维旺迪集团及美国在线时代华纳公司，都是媒介所有权合并的典型例子。虽然传媒业生产的媒介产品属于精神消费层面，但它们同样有类似于物质资料的生产、交换、分配和消费过程。从这个意义上讲，也可以将媒体从事的信息传播活动称为经济活动。媒介所有权是整个新闻传播体制的核心问题。从新闻传播法的角度来看，媒介所有权是社会媒体所有制在新闻传播法上的反映，是国家用法律手段确认和保护一定社会媒体所有制关系的法律规范的总和。目前，中国媒体业处于多种媒介所有权并存的局面，而且由国家对媒体及媒体财产进行占有、使用、收益和处分。作为一种新闻传播的法律关系，媒介所有权是媒介所有人的权利，任何人都有不得侵犯他人媒介所有权的义务；而作为一种传播财产的权利，媒介所有权是所有人依法对自己拥有的媒体享有使用、占有、收益和处分的权利，也可以是按照法律规定将其财产所有权转让给他人的权利。

（二）媒介技术融合

媒介技术融合是指信息的采集、制作和发布过程以数字化处理为基础，在原先不同的媒介之间实现了互通和共用。

每一种传统媒体都有自己的核心技术，这些核心技术之间本来没有什么必然的联系，而数字技术的出现则将所有的传播技术迅速融合成一种普通的、计算机可读的数字形式。传统印刷媒体的编辑、排版和印刷工作基本实现了计算机处理；电视媒体将制作好的视频放到互联网上进行再次传播；出版社将图书放到网上书店，使出版和流通领域得到了充分利用；数字电视把计算机处理器引入每个家庭，反过来，家用计算机也可以收看电视节目。总之，各种媒体都在数字技术的平台上，将各自独立的技术与其他技术融为一体。技术的融合是新闻传播领域一切融合的基础，是新闻业革新的最大动力。信息通信技术的进步，促进了一些新兴媒体形态的出现，如手机报纸、手机电视、IPTV（交互式网络电视）、车载广播、网络电台等，它们已经成为人们耳熟能详的新名词。这些名词既体现了媒介在技术方面的融合，也体现了它们有别于传统媒体的新特征，如媒介形态的交叉多元性、媒介功能的娱乐体验性、媒介运作的整合互动性。

（三）媒体间战术性联合

媒体间战术性联合是数字时代不同所有制下的传统媒体之间、传统媒体与新媒体之间，以自愿互利为前提，在内容生产、共享、传播、营销等领域的合作。现代的媒体共生理论认为，媒体之间只有相互依靠才能共生共荣。虽然这种战术性合作的初衷是为了推销各自的传媒产品，但是联合的实际结果却超出了预期，双方不仅节约了资源，还实现了媒介信息的共享，做到信息传播和利润的最大化。从实践运作和未来前景两方面看，媒体间战术性联合的形式包括以下几种：

1.电视媒体和手机媒体间的战术性联合

目前，手机增加了视听功能，不仅可以下载收看电视、电影，还可以在线欣赏节目。在数字无线传输飞快发展的背景下，电视和手机的联合成为必然。

2.广播媒体和网络媒体间的战术性联合

这种联合是指广播台设立自己的网站，并利用网络扩大宣传；而网络广播又具有点播互动的功能，突破了传统广播的时间限制。

3.电视媒体和广播媒体间的战术性联合

电视与广播台一般都隶属广电集团，因此它们进行战术性联合比较方便。"广播的电视版""电视的广播版"是这种战术性联合的基本套路。

4.电视媒体和网络媒体间的战术性联合

互联网越普及，电视观众被分流的趋势就越明显。因此，电视媒体要以新的传播技术改变旧的传播形态，与互联网接轨，开辟新的传播渠道，拓展新的经营思路。近几年，中央电视台与吉通公司合作，对一年一度的春节联欢晚会进行全球网上直播，观众可在网络上给最喜爱的春节晚会节目投票，这就是一种比较简单有效的战术性联合形式。

5.报纸和广播、电视间的战术性联合

报纸和广播、电视之间的联合，仍然属于传统媒体之间的联合。双方共享新闻资源，实现采编互动，广播和电视纷纷设置读报时间，提要性地介绍报业集团当天报道的主要内容；而报纸则开辟专栏介绍广播、电视的各类节目。

6.报纸和网络媒体间的战术性联合

纸质媒体的数字化是从电子化演变的，比如，网络版的《人民日报》是报纸与网络战术性联合的排头兵。这种联合形式，可以让读者在互联网上阅读纸质媒体的内容。随着 PDF 版、专门的网络报纸阅读器等的出现，阅读变得越来越轻松惬意，读者也逐渐接受了电子版报刊。与中国报刊电子版不同，美国报刊电子版多实行收费订阅的方式。《华尔街日报》网络版不仅收费，而且已经开始将电子版的订户纳入总发行量的范畴。

（四）新闻报道融合

媒体之间的不断融合，导致传统的新闻学科正经历着"细分—整合"的过程。在此过程中，自然而然地出现了新闻学与相关学科间的融合。这种融合不仅逐步推动新闻报道向纵深方向发展，还促使新闻报道的文体呈现出多样化趋势。新闻报道的常见形式有消息、通信、评论、调查报告和新闻照片等。其中，消息是新闻报道的主要形式，而且现代所有的新闻报道形式都是由它衍生而来的。新闻报道融合促使了新闻报道形式呈现出立体化、个性化和互动化的特征。媒介融合后，各类媒体都在一个大平台上运作，实现这些不同媒体中的内容的相互推销和资源共享。此时，一个类似于"多媒体编辑"的角色负责统筹规划，将不同种类的新闻报道文体融合，将传统媒体和网络媒体的报道形式全部融合在网页上。

媒介融合也促使新闻报道在表达上实现了互动。比如，"网络文本"就是互动性新闻表达的代表。"网络文本"以互联网为平台，综合运用声音、图像、文字、特效等手段，实现了新闻报道文本形式的多元化、传受者互动的表达方式。尽管"网络文本"尚未完善，但已经具备形式多样、版面活泼、即时更新、充分互动等特点，对传统新闻报道也产生了深远影响。

（五）媒体组织结构性融合

媒体组织结构性融合与新闻采集和分配方式有关。媒体组织进行结构性融合后，传统媒体内部各个层次、各个部门之间的隶属和权力关系将发生重大的变化。传统媒体通常是垂直型结构，但随着跨媒介融合，新型的媒体组织必定是水平型的。我国报社内部的组织结构主要有三种：其一，在社务委员会领导下的社长负责制；其二，在社长领导下的总编辑、总经理分工合作制；其三，在董事会领导下的总经理负责制。这些组织结构形式多被报业集团、广电集团、出版集团和发行集团等股份制媒介企业广泛采用。但是，随着媒介融合进程的推进，这样的组织结构面临着全新挑战。不同集团在进行组织融合的过程中，往往会出现几种组织模式相结合的现象。比如，在总公司各部门采用的是垂直型组织结构模式，在总公司与其他子公司之间则采用水平型的组织结构模式，各子公司再按照自己的不同需求采用不同的结构模式。美国的《奥兰多哨兵报》决定雇用一个团队做多媒体的新闻产品，使报纸新闻在加工打包后能出售给电视台。在这种合作模式中，报纸的编辑记者可能作为专家到合作电视台去做节目，对新闻进行深入报道与解释。

（六）新闻从业者的技能融合

随着新闻报道的文体逐渐融合，新闻采集过程也要有所改变。因此，新闻从业者要在职业技能上有所融合，成为"一专多能"甚至是"全能型"的人才。

目前，我国的新闻人才结构呈现出"橄榄型"的结构，即采编人员较多，管理人员、技术人员较少，而经营人才和特种岗位的人才稀少。在媒介融合的形势下，媒体内部的人才结构将转化为"哑铃型"，即以管理人员和技术人员为主，日常工作人员比例逐渐缩小。随着数字技术的开发和网络技术的应用，对高层次的管理人才和技术人才的需求也越来越大。目前，缺少的正是技术和艺术相结合的复合型人才。

随着媒介融合和新闻融合的发展，对新闻从业人员的复合型要求也越来越高。从宏观上看，复合型新闻人才应具有较高的外语能力、计算机能力和社会交往能力；从微观上看，新闻从业者除了要能胜任采、写、编、评的各项工作，还要使这些工作过程符合不同的新闻发布（表达）渠道。全能型的新闻人才是可遇不可求的，但复合型的人才却可以通过有意识、有针对性的训练得到。

第二节　媒介融合的未来发展趋势

媒介融合已成为全世界范围内媒介大整合之下的作业模式，展示了新闻传播界的崭新生态图景，整个社会基本上进入了"融媒体时代"。不过，受制于我国社会背景和新闻事业的发展现状，媒介融合不得不面对各种各样的困境。为了满足受众与社会的需求，新闻传播也在不断变革，这也是新闻传播的基本发展规律，而媒介融合正是顺应这种规律的显著体现。所以，各类媒介之间的融合与互补是新闻业的必然发展趋势，具体表现如下：

一、理论和技术进一步提升

虽然媒介融合是一种新鲜活泼的新闻传播实践现象，但更应当从理论高度予以定位和提升。虽然众多学者已经从不同角度对媒介融合概念进行了阐释，但是仍未出现从整体上对媒介融合加以系统研究与深入探讨的著作，也未能形成关于媒介融合的统一定义，而且媒介融合的相关研究也存在模糊、交叉、实践指导性欠缺等问题。因此，现有媒介融合理论还有待进一步突破、提升。

在实践层面，主要问题之一就是技术的再开发与再成熟。目前，媒介融合的支撑技术正在不断革新与完善，但是还远远不够，蓬勃发展的受众市场与需求必然要求媒介融合技术能在不久的将来再次跃上一个新的台阶。从国内情况来看，在数字技术革命的推动下，电信、广播电视和出版业的产业边界日益模糊和收缩，三大产业的内容生产、传输平台和接收终端不断走向融合，传统传媒业纵向一体化的结构逐步裂变为横向一体化的结构。目前，越来越多的大门户网站、搜索引擎及诺基亚、苹果、联想等以技术为支撑点的大公司纷纷介入媒介融合这一领域，国内正在推进的"三网融合"更是从国家政策的高度给予技术平台的融合以强大的支持。

二、传播环境不断完善、优化

传播环境是指作为社会组织的媒介所产生和营造的社会环境。从国内情况来看，传播环境将因媒介融合的不断完善而得到优化。长期以来，在政治体制和经济基础的影响下，我国媒体只具有宣传与调导的单一功能。

随着社会转型期的到来和各项改革的推进，社会领域各项改革不断深入，特别是构建"和谐社会"的目标提出后，媒介融合要达到"和谐"的目标。有学者更深刻地指出，媒介融合也是"文化冲突—融合—认同"的过程，媒介融合的关键在于传统文化要向媒介融合文化转变。对于自身而言，往往从已有文化结构出发，对外来文化加以甄别、筛选和提炼，吸收为自身文化的一部分；对于"外来者"而言，则需要努力寻求共同之处，适当地加以自我改造与适应。这样逐步渗透、演进、交互的过程，使不同媒介以文化融合为深层次依托，逐渐实现真正意义上的媒介融合。

三、媒介生态将发生持续而渐进的变动

在"融合为王"的浪潮中，媒介生态将发生持续而渐进的变动，这主要表现在两方面：一方面，媒介融合所带来的理念变化与格局转换会对与媒介系统相关的其他社会子系统产生或多或少的影响。比如，文化系统，媒介融合所蕴含的互补、融通、协调等理念将逐渐渗入文化系统之中，内化为其中的一部分。另一方面，其他社会子系统的发展成果能为包括媒介融合在内的媒介系统的发展提供丰富的新鲜血液和有力支撑，从而更好地推动媒介融合。我国新闻业正经历着"转企改制"的重大变革，很

大一部分原来以事业单位身份存在的媒体将变成企业，进而形成事业单位和企业单位并存的"双轨制"。同时，在媒介生态持续变动的大背景下，推进媒介融合的重要因素就变成了媒体内部管理机制或运作机制的创新。目前，南方报业传媒集团、广州日报报业集团、烟台日报报业集团等都已经对融合之后的媒体组织结构"再造"进行了积极尝试，并带动了集团内部业务流程的"再造"。

总之，媒介融合作为信息社会发展的必然产物，也是新闻传播实践的重大革新，必将带来新闻传播理念上的一系列深刻调整。它已经成为席卷全球的时代浪潮，也正在对国内新闻业和新闻传播实践产生革命性的影响。当然，由于各方面因素的限制，媒介融合的过程还存在着不少亟待解决的难点与困境，但是这一趋势不可避免，而且无法阻挡。

第二章　融媒体时代电视媒体转型发展的总体思路

第一节　转变思维适应媒介融合趋势

互联网的巨大能量在信息时代掀起了一场声势浩大的传播革命，从信息生产、分发到传播机制的改变，互联网已经成为一种思维范式，正如我们脚下的大地和头顶的星空一样，成为这个瞬息万变的时代的指南针。因此，在"互联网＋"的大形势下探讨电视媒介融合转型策略，首当其冲的便是运用互联网思维推动媒介融合，创新媒介发展方式，形成"万物互联"的观念和认知。

目前，业界对"互联网思维"的界定众说纷纭：马云在演讲中表示，互联网不是一种技术，而是一种思想，互联网思维是跨界、大数据、简洁和整合；小米科技创始人雷军认为，互联网思维是"专注、极致、口碑、快"的七字秘诀；360公司董事长周鸿祎曾将互联网思维概括为用户至上、体验为王、免费的商业模式和颠覆式创新四大部分……对于"互联网思维"的定义，可谓"横看成岭侧成峰，远近高低各不同"，但万变不离其宗的仍然是互联网的本质——连接。尽管在网络空间里构成连接的节点和方式日新月异，从物与物的连接、人与人的连接、物与人的连接到万物皆媒介、人机共生，"连接"始终是互联网思维的核心要义。

当人们用互联网思维重新审视电视媒体时，也应以"连接"为框架，对各维度的融合工作进行思考和研判：内容生产引入产品思维，以互联网的特征为基本考量，在内容上做"减法"，在服务上做"加法"，实现内容与用户连接；转变传统的流量思维，维系现有的用户连接，开拓新的用户市场，实现电视媒介的革新图存；以用户思维重构媒体与用户的连接，理解用户身份从附属到本位的变革，使媒体生态匹配用户需求，提升用户体验；在大数据时代用数据思维挖掘用户的多维度数据，让数据发声，助推行业运营；用社交思维连接一切资源、盘活一切能量，在虚拟和现实的两重空间里构建人机互动、人际互动；面对"平台型媒体"的机遇和挑战，采取全媒体生态和垂直化拓展的双轮驱动，实现内容、关系和服务的连接……将互联网思维引入媒体运作的各个环节，将电视媒体打造成未来的、具有竞争力的新型主流媒体。

一、内容生产引入产品思维

在大众传播时代，电视媒体掌握着生产和分发渠道的话语权，有一套固定程式化的内容制作流程，即使是在"互联网＋"的转型道路上，绝大部分媒体也只是把传统的电视内容"搬运"到网站、微博、微信或 App 上，话语体系和制作方式没有根本变化，墨守成规带来了逐渐被市场、用户抛弃的"达摩克利斯之剑"。因此，将电视内容制作升级为产品生产，是互联网时代打破电视思维桎梏、实现转型升级的最好推动力。

何为"产品"？简单地说，就是能够供给市场，能够被用户使用和消费并满足用户需求的任何东西。"产品"可以是有形的物品，也可以是无形的观念和服务。在电视内容创作中引入产品思维，需要重新思考内容、用户与市场之间的连接关系，不能仅局限于"内容生产者"的身份定位，而要升级为"产品缔造者"，将媒体打造成品牌。

当产品思维替代传统媒体思维时，最多的疑问在于电视媒体做产品要放弃内容吗？答案是否定的，尽管整体的媒介生态发生了天翻地覆的变化，新技术层出不穷，新思维也日新月异，新媒体方兴未艾而传统媒体逐渐式微，但"内容为王"始终是媒体的立足之本。"铁肩担道义，妙手著文章"的职业理想，"时代船头的瞭望者""社会雷达"的责任担当都要求电视媒体要生产有思想、有价值的内容，所以电视媒体做产品时，需要在高品质的专业内容基础上结合互联网、移动互联网的技术特征做加减法。

（一）在内容上做"减法"，契合移动互联网特征

电视媒体应该适应移动互联网浪潮中用户多屏幕、跨屏幕及碎片化的视频消费模式，消减固有的、教条的、冗杂的"陈年老调"。未来电视媒体的内容将是符合互联网数字化、互动性、移动性和碎片化的短小精悍的内容，不仅能以高质量的水准完成大屏的内容输出，还能根据不同的平台形态、用户市场推出契合的内容，受此影响，媒体行业出现了语音、短视频转向"风口"。美国传播学者施拉姆曾提出媒介的"选择或然率公式"：选择或然率=报偿的保证/费力的程度。无论是语音与各种场景的高契合度，还是短视频在内容上的删繁就简，它们都体现了未来媒体的走向，即降低用户获取媒体内容的成本和限制，如时间、精力、场景等。除此之外，媒体还要提高用户消费后的满足感，提供直击用户痛点、痒点和兴奋点的高品质内容。

（二）在服务上做"加法"，开发产品最大价值

电视媒体要将互联网作为支持内容的底层架构，为内容附加多样的服务。如果仅做内容生产商，意味着要将媒体产业链中下游的利益拱手让人，因此电视媒体要抢夺用户注意力、抢占市场份额，在内容上叠加有用且有吸引力的服务，不断迭代改进产品，开发产品的最大价值。具体举措包括：一方面，产品的再生产、分发和营销环节必须更加多元，从原始的"一次采集、一次生成、二次售卖"进化到"一次采集、多种生成、多维售卖"。因技术的解放性力量，现今的媒体生态更为庞杂，单纯做好一个产品已经难以挽留拥有海量选择的用户。所以，电视媒体必须对产品进行价值最大化的挖掘，放大产品影响力。多形态、多平台、多终端地再生产和传播内容，可以创造更大的用户价值；以售卖"用户注意力"和优质的服务、平台影响力，拓展创收空间。另一方面，电视媒体可以根据市场和用户的具体需求匹配内容与服务，发挥电视媒体日积月累的强大影响力，接入智慧城市、智慧社区、智慧家庭，为用户提供"内容服务＋生活服务＋政务服务"的一体式供给。打通传统媒体、互联网新媒体与线下渠道之间的隔阂，可以拓展局限的身份定位，将原本割裂的产业链转化为相互交融的网状体系，重新回到用户视野，树立良好的媒体品牌形象。

二、流量思维助力市场争夺

如果说互联网带给传媒业一次猝不及防的颠覆，那么移动互联网的兴起就像是一根"救命稻草"，给传统媒体一次实现弯道超车的机会。流量思维早在互联网 PC 时代就已经成为人们呐喊的口号，粗犷的"流量至上"思维追求页面浏览量、点击量和访问者数，商家在虚拟空间疯狂投放搜索引擎竞价排名广告、弹窗广告等。PC 时代的流量争夺，以电视媒体为代表的传统媒体可谓是打了一场没有准备的败仗，无论是用户的流失，还是广告收入的断崖式下滑，都让传媒人渴望能有一场大雨让一度干涸的传统媒体行业重新焕发生机。而移动互联网正是久旱之后的甘霖，如何在新时期将流失的流量争夺回来是"互联网＋"时代电视媒体融合转型策略中的应有之义。

2017 年 6 月 1 日，被誉为"互联网女皇"的玛丽·米克正式公布了 2017 年《互联网趋势》报告，指出 2016 年全球互联网用户 46%的渗透率仅比 2015 年增长了 4 个百分点，全球互联网用户增速持续放缓。互联网时代用户红利消失的现象在中国的一二线城市也表现得极为明显，新增用户潜力所剩无几。根据中国互联网络信息中心近几年发布的《中国互联网络发展状况统计报告》可知，我国近几年的网民增速连续降至个位数，再无野蛮生长的空间。种种数据和现象均表明网络时代的人口红利已经触顶，拉取用户的成本正在上升，因此电视媒体必须抛弃传统的、粗犷的抢流量思维，依托移动互联网技术的新特性进行革新图存。

（一）深耕现有用户群，守住存量市场

随着互联网进入"下半场"，增量市场开始向存量市场转变，流量获取成本与日俱增，跑马圈地抢占市场的行为可能收效甚微。对于大部分电视媒体而言，深耕现有的用户群，提升用户忠诚度与黏性是最基本的要求，但守住存量市场并不提倡电视媒体故步自封、停滞不前，反而可以在充分匹配现有用户需求的基础上，打破用免费内容换取用户流量的传统做法，用精致内容拉动核心用户群体付费，实现流量变现。现阶段，人们在对碎片化时间的迷思中时常感到焦虑和恐慌，但整体付费的基础建设已经完成，便捷的付费闭环已经形成，新兴消费群体对优质内容的付费意愿增强，内容

付费和知识经济正在崛起。

因《逻辑思维》走红的罗振宇曾在演讲中表示，"内容付费是一个新兴市场，这个市场到目前为止，只有协作没有竞争。大家都是汪洋大海里孤独的捕鱼者。"在这个新兴市场，无论是海量的优质内容，还是权威可信的专业人士，电视媒体都拥有天然的优势。因此，电视媒体，尤其是一些专业频道，可以为现有用户群体提供专门领域的专业知识，降低用户获得知识的时间付出，完成初步的流量变现。除此之外，付费内容也可以作为更深层次的广告和服务入口，吸引更多的用户流量，成为产业链的重要一环。

（二）寻找新利差渠道，开拓新用户市场

既然传统的营销、分发渠道和热门市场已经成为竞争红海，而且拉取用户的成本上升、效率下降，那么电视媒体应该转变目标寻找新利差渠道，开辟新的蓝海，实现流量聚集。

第一，精准化、细分化目标用户群，打破不同属性用户群之间的壁垒。以95后、00后、二次元群体等为代表的新生代细分群体与网络时代有极高的契合度，并逐渐成为泛娱乐产业的消费主力人群，但由于传统电视行业的职能定位，大部分电视媒体没有将目光锁定到这部分市场。电视媒体的公开性与公共性要求反映各种属性人群的生活与需求，因此垂直化运营，更新内容及其形式，在电视这个"自助餐厅"供应更多契合不同属性的用户群内容，打破次元壁、文化壁，才能为固化的电视形象带来新鲜感。

第二，一、二线城市的市场已经在一定程度上达到饱和，电视媒体未来的市场机会主要在"下沉"和"出海"两条道路上。"下沉"是指在中国三、四线城市和村镇寻找增量市场突破口。随着人们生活水平的逐渐提高和互联网等技术基础设施的铺设，小城市和乡镇的用户市场规模和变现潜力已经初见端倪，快手、抖音等产品的瞬间"走红"就证明了这一点。电视媒体不仅可以制作与它们有高匹配度的内容，还可以通过与上述应用合作，实现双方用户群之间的转化。比如，2018年年初的"直播答题"风靡之时，中央电视台和江苏卫视都迈出了探索的步伐。"出海"是指将目光

聚焦到海外市场，尤其是在发展中国家、不发达国家 "要加强国际传播能力建设，增强国际话语权，集中讲好中国故事，同时优化战略布局，着力打造具有较强国际影响的外宣旗舰媒体"。这既是电视媒体目前的责任，也是未来的机会，利用海外新媒体平台矩阵，用更容易被海外民众接受的方式讲述中国故事、塑造中国形象，拓宽海外市场。

三、用户思维重塑传受关系

当 "互联网＋" 的大潮蔓延至各行各业时，传播体系早已沧海变桑田，因此电视媒体需要以互联网为底层逻辑，重构媒体与受众的关系。自古以来都是少数权力精英掌握媒介渠道，拥有话语权，如中世纪的欧洲，宗教信息被教会垄断，普通民众无法享受教育和获取知识，一直处于被统治的地位。随后，印刷术这一传播技术的出现，开启了知识平民化的普及时代，但一直到互联网出现之前，由于资源的稀缺和各国政府的政策限制，大众传播的渠道仍然是民众 "可望而不可即" 的。如同当年的火药炸毁中世纪城堡、打败骑士阶级一样，互联网带来了一个人人皆可发声与分享的泛众化时代，颠覆了传统媒体处于金字塔顶端的地位。这时，作为受众的身份也开始向用户转变，这意味着电视的服务过程与态度也必须随之改变，要求在 "全产业链" 的各个环节都以 "用户为中心" 进行考量。

（一）正确理解用户身份从附属到本位的变革

20 世纪初，面临工业文明浪潮的冲击，许多知识分子激烈抨击社会问题，并怀着对以往社会的浪漫化、理想化情绪，将当时的社会定义为 "大众社会"，即 "乌合之众" 的社会。当工业革命打破原本的传统社会结构、等级秩序和价值体系时，社会成员变成了分散的、均质的、原子式的存在。相对于个体的孤独和渺小，传媒拥有极强的能量，它们高度类似的、持续的、广泛的内容使得个体每日每时都处于信息洪流的包围中，不仅能够传达现实，甚至可以构建现实。"观众""受众" 等词便带有如此色彩，它们更倾向于电视媒体和受众之间是割裂的、隔阂的，电视单方面地、无差别地提供内容，而受众作为一个群体不存在个性诉求与审美偏好，只能被动观看。

到了数字化革命时代，受众与媒体之间的关系再次发生颠覆，受众拥有了新的身份——用户，即某一种技术、产品、服务的使用者。互联网技术弥合时空、跨越阶层的强大力量，使得用户不再是孤独漂泊于世界的芸芸众生，不再是盲目的、无差别化的乌合之众，而是在技术赋权的助力下拿到了麦克风的个体，成为信息传播网络上的节点与纽带，每个人作为一个独立的个体，其个性化需求都得到了尊重。从附属到本位的身份变化，是技术民主的实现，让人不禁想起《悟空传》中让人热血沸腾的话："我要这天，再遮不住我眼，要这地，再埋不了我心，要这众生，都明白我意，要那诸佛，都烟消云散！"在当下的互联网空间，这样的豪言壮语在一定程度上成为现实，用户在传播体系中有着极大的主动权。因此，电视媒体必须改变传统的传播逻辑，正确理解用户身份的定位，以用户为中心、以用户需求为核心生产内容和提供服务。

（二）深度理解用户的角色需求，提升用户体验

用户思维作为互联网思维的核心，要求电视媒体在生产流程的各个环节都必须站在用户的角度进行思考。电视媒体若要在纷繁复杂的媒体传播环境中争夺用户，关键要提升用户体验，即用户在使用产品、体验服务的过程中产生的主观感受。但电视媒体不能仅依靠用户作为内容消费者的单边逻辑来调整策略，而要深度理解用户，如马斯洛需求层次理论提出的生理需求、安全需求、社交需求、尊重需求和自我实现需求等。相应地，作为消费者的用户，电视媒体必须根据用户画像提供个性化的产品体验，无论是性别、年龄、民族、职业、区域、文化背景，还是教育程度等，都应被列为用户分类依据，实现用户细分，以及有针对性地进行内容供给，满足用户获取信息、消遣时光、了解社会等需求；作为权利者的用户，电视媒体不仅要提供渠道与平台，实现用户的传播权、知晓权和媒介接近权，还要在大数据算法、人工智能、VR/AR等技术大行其道之时，消除其可能带给用户的诸如隐私泄露、困于信息茧房之中等负面效应，满足用户的基本安全需求及被尊重的需求；作为生产者的用户，电视媒体要考虑如何实现媒体与用户的连接，以及如何将用户生产的内容价值最大化，以满足用户的情感和归属需求，提升用户忠诚度，让用户感受到自我价值的实现。

四、数据思维引导行业运作

《大数据时代》的作者舍恩伯格强调，"世界的本质就是数据，大数据将开启一次重大的时代转型"，庞大的用户数据对于电视行业而言，意味着巨大的商业价值和信息价值，如何用数据思维挖掘数据价值，驱动行业运营，理解市场运行逻辑，是未来电视行业应关注的要点。下面将着重讲述如何充分挖掘用户数据，以及如何增加数据的价值，为媒体的运营、发展、转型与融合提供数据支持。

（一）全方位挖掘用户多维度的数据类型

在数据爆炸时代，个体的一切行为都在生产数据，一切个体的行为也都可用数据来描绘，分散的数据通过云计算等高新技术集聚起来交汇成无远弗届的星空。建立大数据的多元采集入口，全方位地、充分地挖掘用户多维度的数据类型，是电视媒体让这片星空闪耀的第一步，也是之后进行数据分析与挖掘的基础。

首先，最基本的数据维度是用户的个体数据和观看数据。通过电视媒体自身的OTTTV、IPTV 或 App 等多终端系统，手机关于用户的个人信息数据、"谁在看、看什么、何时看"的观看数据及情感数据，都可以了解用户的基本习惯与偏好。例如，可根据用户信息、观看的内容和时间段将家庭类型设定为儿童型家庭、青少年型家庭、单身上班族型家庭、家庭主妇型家庭、中年夫妇型家庭、年轻夫妇有小孩型家庭、退休老人型家庭等，以进行差异化的内容运营。

其次，可以充分利用微博、微信等社交平台，以辅助收集和跟踪用户的社交数据，完成对用户关系网络的分析，为内容与用户的连接增加社交的黏着剂。随着大数据个性化算法的快速发展，"信息茧房"成为显性问题。算法根据用户的行为数据不断地推送给用户同类型、同主题的内容，使得用户逐渐失去对外界环境的全面感知，社会整合也将变得越来越难。但如果在个性化推送的数据依据上加入社交数据这一维度，不仅在一定程度上可以解决用户信息消费固化的问题，推送的内容还可以成为用户之间的"社交货币"，促进社会交往，形成良性循环。

最后，电视媒体还可以采用 LBS（Location Based Services，基于位置的服务）技术，利用可穿戴设备收集用户的地理数据与场景数据，还原真实的传播情境，理解用户、内容与场景之间的连接关系。个人行为的数据轨迹在展现"自我"的同时也记录下很多与之有关的社会场景和社会活动，以及行为背后丰富的社会图景。根据此维度的数据分析，电视媒体不仅可以决定在何时何地应该推送给该用户何种内容，还可以挖掘目前的社会热点与其背后所隐藏的巨大价值，用于节目的策划与制作。

（二）发现数据真正的价值，让数据发声

当一切数据都可以用技术进行分析后，它们就不再是冰冷、枯燥的数字堆叠，任何人都不应该在数据的荒漠中孤身跋涉，大量的行为数据只有通过"连接"才能发挥真正的价值，以更好地了解用户和媒体行业的新趋势。

1.数据和数据之间的连接与可视化

在大数据的背景下，相关关系大放异彩。例如，沃尔玛超市通过对数据的观察将蛋挞和飓风用具放在一起的成功决策，证明了舍恩伯格所说的大数据"不是因果关系，而是相关关系"。因此，找到前文所述的多个维度的用户数据之间的相关性是数据分析的关键一环。通过大数据分析工具和方法，帮助人们看到许多以前不曾注意到的联系和未曾理解的复杂关系，为电视媒体的决策提供依据。但需要注意的是，数据库的搭建、大数据的分析对于非技术人员来说仍像"天方夜谭"一样，而在电视媒体行业中，这样的非技术人员有很大一部分。因此，建立"大数据可视化平台"，将数据之间的关系和所代表的意义简单直观地呈现出来，让电视媒体的市场运营部、节目策划部、编辑部等各部门各取所需，是促进大数据与电视媒体结合的最有效的途径。

2.跨平台、跨行业的数据连接

大数据的 4V 特征——Volume（容量）、Variety（种类）、Velocity（速度）和最重要的 Value（价值），决定大数据的资本和技术要求都比较高。大部分电视媒体（尤其是地方电视媒体）想独立搜集大数据与搭建数据库是比较困难的，付出的大量人力、资本与技术可能并不能带来与之相配的收益。因此，在未来，电视媒体更应该将自身的"小"数据库对接进跨平台、跨行业的"大"数据库，进行高效的信息管理，以共

享、公开的精神互利共赢，形成规律性的、合作性的传播结构与运作方式，推进媒介融合向更高层面发展。

五、社交思维构建电视生态

目前，世界范围内互联网的一大趋势是社交型软件平台化，功能型软件社交化。在我国，腾讯企业依靠QQ、微信成功抢占了移动互联网时代最大的用户流量，正发展成为连接一切的生态平台，在庞大的用户基础上加注生活各方面的服务，从而抢占市场。而诸如支付宝这样的功能型软件，面对来势汹汹的对手，百折不挠地做着社交尝试，企图以社交盘活平台用户能量，发展更多、更深层次的商业行为，完成资本变现。在全民社交的背景下，电视媒体也要用社交思维思考，用社交语言交流，用社交法则运营社群，实现从人机分离到人机互动，再到人际互动的转变，以电视内容为基础构建信息生态圈，完成O2O的多向互动。

（一）虚拟空间中的社交化生产与社交化运营

随着技术的不断进步，传播模式仿佛又回到那个阡陌相通、鸡犬相闻的社会，人际关系网络成为实现大众传播的重要基础，因此社交关系成为连接一切的关键。电视媒体的现有实践多停留在"两微一端"的社交化传播中，而这仅是社交化布局的一角，未来还要向社交化生产和用户群的社交化运营两方面拓展。

1.社交化生产协同运作

社交化激活用户能量，将用户当作新的内容生产力纳入媒体生态中。对于电视媒体来说，专业化的生产方式让其与用户之间处于比较疏离的状态。虽然已有媒体或多或少地采用UGC（用户生产内容）或PUGC（专业用户生产内容），但怎么将这些内容更为系统地、专业地、制度化地采集起来，以及最大化地开发和利用内容价值，仍在不断探索。除此之外，当资源稀缺天平倾向于时间，而非内容时，为了吸引用户的注意力，加热词、标题党、抄袭、虚假谣传等低质量内容铺天盖地，"劣币驱逐良币"的现象愈加严重。电视媒体面临的挑战已经不仅是如何调动用户生产内容的积极性，还包括如何应对良莠不齐的内容质量。因此，未来的电视媒体应该建立一个内容的集成平台，同时还要辅以 UGC 的判断与鉴别机制，建立业余生产力量与专业生产力量的协同机制，助力社交化内容的生产与传播。

2.社交化运营提升"同在感"

社交的本质是信息的传播与分享，帕洛阿尔托学派曾有一句名言：人们不能不传播。然而，在大众传播的先前阶段，个体的传播权在一定程度上受到了限制，公共空间的消解和话语权的过度集中使单向传播成为主流的信息结构。在互联网技术的解放下，电视媒体经历了从传统向智能化的改变，用户的需求也经历了从"观看"向"分享"的变化，拥有共同兴趣点的用户渴望聚集在一起进行沟通与交流，这是对身体在场的"同在感"的一种回溯。电视媒体的社交思维所要追求的终极目标便是让身处不同地方、不同时空的观众能够共享和讨论他们观看的电视节目。因此，电视媒体可以在自己的 App 上或者更大的社交平台上建立有内容、有互动的用户社群。用户社群，不仅可以打通媒体与用户之间的沟通渠道，还可以将具有共同兴趣爱好或共有价值观的用户聚集在一起，并通过不断地提供产品和服务，提升社群活跃度和加强社群归属感，推动拉取新用户、活跃现有用户、用户资源变现的一系列循环过程，更有效率地完成内容与用户的匹配和内容的口碑宣传。

（二）让电视重回客厅，让用户重回人际交往

"电视绝不仅仅意味着一个简单硬件，它是一个人类重要体验场所的核心——客厅。电视的社会学意义在于它是家庭聚合的仪式或图腾。做电视不是硬件的扩展，是体验空间的扩展。"正如罗振宇所说，看电视本身就是一件很有仪式感的事情，无论是一年一度的春晚、奥运会，还是阅兵仪式等大型节目，观众聚集到电视前，感受对文化符号的共同信仰与渴望，将目光转到当下生活。快节奏、高强度的日常生活让用户的时间被海量信息和各种纷繁复杂的事件切割成为碎片，和家人、朋友一起坐在客厅看电视的时光一去不复返。虽然人们不停地强调如何依据移动互联网的特点将电视内容精简、充分挖掘用户数据完成不同场景的传播，但"客厅"这一传统场景仍然是

电视最主要的使用情境，一边看电视一边与人交流也是用户最主要的使用惯性。

有人将电视形容为"后仰文化"，因为人们在观看电视的时候，大多数情况下是坐在沙发上，漫无目的地调换频道，让这段时光成为繁忙生活的一个休止符。"后仰文化"与趴在计算机前埋头工作的"前倾文化"相对，前者是舒适惬意的，后者是紧张焦虑的。因此，对于电视媒体而言，在 OTTTV 和 IPTV 逐渐成为市场主力的背景下，更要注重电视节目内容的社交属性，让用户在看电视的过程中感到愉悦放松，在看完电视之后有想要与人交流节目内容的意愿。这也是在越来越"快"的社会中，充满诗意地、田园式地展现情侣、夫妻、朋友、明星日常生活的"慢综艺"能够突围的原因。用有温度、有深度的内容，在一路的高歌猛进中"寄寓我无栖息的灵魂，淘洗我劳累的庸碌之躯"，让电视回归到客厅场景，让用户重新找回观看的仪式感。

六、平台思维整合行业资源

从建立渠道到搭建集内容生产与分发、社交和服务功能于一体的平台，思维转变的背后是整体传媒生态的深刻变化。不同于往日的各类型媒体之间的割裂状态，如今的媒体行业正显现出平台集中化的趋势，平台思维意味着要把媒体打造成一个连接内容、用户与服务的生态平台。于是，"平台型媒体"逐渐成为"互联网＋"时代媒体转型的主流模式。2014 年 2 月，乔纳森·格里克在"平台型媒体的崛起"一文中首次使用了 Platisher。Platisher 由 Platform（平台商）和 Publisher（出版商）合成。2014 年 8 月，一位撰稿人这样定义"平台型媒体"：它是指既拥有媒体的专业编辑权威性，又拥有面向用户平台所特有开放性的数字内容实体。简言之，这种平台性的媒介是打造一个良性的开放式平台，平台上有各种规则、服务和平衡的力量，并且向所有的内容提供者、服务提供者开放，无论是大机构，还是个人，其各自的独特价值都能够在上面尽情地体现。对于电视媒介而言，"平台型媒体"的发展路径既是机遇，又是挑战。

（一）发挥资源优势，自建平台型的生态媒体

"平台型媒体"要求在平等协作的基础上完成内容、关系和服务三者的交融，在这样的一个平台上，多元主体各得其所，内容提供商、服务提供商和用户都在不断地创造资源、消费内容、传播信息，变成一个利益共同体，从而形成一个良性循环的媒介生态。电视媒体由于其独特的社会地位，天然地拥有大量的用户群体、海量的内容资源和丰富的社会资本，如发挥自身长期深入各行各业作为信息提供与传播者的优势，深刻认识并挖掘自己的"平台"角色潜质，调动自身的立体化传播体系，自建"平台型媒体"，做全媒体运营者。一方面，电视媒体要持续不断地输入优质的内容，在平台上让用户嵌入圈子，用社交关系连接用户与平台、用户与用户；另一方面，电视媒体要具有聚合功能，为用户提供包含学习、生活、工作、娱乐等多维度需求，但是这些服务的正常使用需要平台提供者制定一定的生产与传播规则，形成最好的生态化机制。2018年4月19日，中央广播电视总台正式挂牌，中央电视台（中国国际电视台）、中央人民广播电台、中国国际广播电台的三台合一便是运用开放、激活、整合和服务的"平台思维"的一个体现，放大固有优势、叠加独有资源、倍增平台影响，将电视媒体的资源和整个行业上、中、下游产业链的资源进行整合，向"平台型媒体"发展。

（二）对接大型平台，做垂直化拓展的专业媒体

电视业态存在于更大的媒介生态系统中，在搭建平台的过程中存在一个不可避免的现实：现今平台行业布局基本上完成了格局分化，头部平台在"马太效应"的影响下占据了越来越多的用户流量，微信、微博、QQ、淘宝等成为入口级平台，并产生了极强的用户黏性。电视媒体在此时介入市场，已经很难将用户转移到新的平台上，而且由于电视媒体长期扮演内容生产者的角色，无论是资本力量、算法分发技术，还是市场运营经验，都很难取胜。因此，对于大部分电视媒体而言，自行建立一个大而全的平台并不适用。相反，大多数电视媒体应该放大自身优势，做垂直化拓展的专业媒体、垂直的信息服务系统。

1.围绕"IP"深入展开全版权运营

相较于互联网媒体，电视媒体的优势在于它仍然是优质内容的主要生产者。在向垂直化的专业媒体发展的道路上，围绕优质 IP 的全版权运营成为电视媒体的制胜武器。IP，即知识产权，广义上是指那些被广大受众熟知的、可开发潜力巨大的文学和艺术作品。这个从文学领域发展出来的概念可以带给电视媒体一定的启示：电视内容也可以成为支撑 IP 运营的原创内容之源，以优质内容为中心向外孵化出不同的产品形态，形成涉及文学、影视、动漫、游戏和周边等复合产品的矩阵，使 IP 成为贯穿产业链的无形产品。在放弃自建平台转向接入大流量平台之后，电视媒体需要在"内容"环节形成一套完善的运作机制。同时，电视媒体在进行 IP 的全版权运营时要有版权意识，从生产源头到传播渠道的各个环节都要防止侵权行为的发生。

2.立体化全平台分发

互联网带给传统媒体的一个显著影响就是内容的生产和分发渠道的分离。在产业链中，电视媒体不可避免地扮演了内容提供者这一角色。内容的集成平台和全版权运营机制建成后，面对海量的用户和多维的消费需求，电视媒体让渡部分的分发权给其他平台是双赢之举。不同于往日的单一渠道分发，在平台思维的指引下，电视媒体的内容产品应采取全媒体、跨平台的多维分发方式。例如，通过海量内容集成与编辑筛选完成分发的综合性平台；结合用户主动搜索与相关推荐机制的搜索引擎分发平台；基于大数据算法的个性化内容分发平台；以用户社会关系网络为内容分发节点的社交平台；在专业领域内完成相关内容精准推送的功能型平台……电视媒体应借助外部的流量平台，完成内容的多向分发，打通到达用户的渠道，全方位匹配用户的需求。

第二节　以内容为中心推动电视变革

在互联网时代，传统电视媒体的生存环境发生了重大变化。从外部环境看，以BAT（B指百度，A指阿里巴巴，T指腾讯）为代表的互联网企业对视频内容的版图虎视眈眈，纷纷创建基于自身平台的内容生态，意图争抢内容市场的一杯羹；从内部景况看，资本壁垒、人才流失、受众需求变迁都给电视媒体输出优质内容形成了一定的阻力。面对电视媒体生存环境的日趋复杂，电视媒体系统化转型已迫在眉睫，而电视内容的改革已成为这场革命重要的切入点。

传媒业价值链的经营重点分别是内容生产和渠道建设，且无论如何建设渠道，内容始终都是不可背离的核心。因此，对于电视媒体而言，"内容为王"始终是电视发展过程中的金科玉律，并且伴随着媒介融合的深化，内容的价值更加被凸显出来。以往电视的内容大多由专业媒体机构生产，拥有固定的生产模式，但在"互联网＋"的大形势下，内容＋新兴技术、内容＋创意思维等形式已经成为不断为传统内容赋能的重要路径之一。

因此，当人们站在"互联网＋"的浪潮中重新审视电视内容转型时，一方面应当坚守"内容为王"的思路，继续积极输出有思想、有价值的内容；另一方面应当发掘"互联网＋内容"的潜在价值，构建以内容为中心的新型媒介样态。样态上游为提升内容生产的质量与速度，中游为创新内容呈现形式、丰富内容交互形态，下游为内容产品，使其成为与用户之间进行交流的黏合剂……如此，才能在媒介融合的浪潮中持续唤醒内容的生命力。

一、高质量内容生产，打造新型主流媒体

互联网视频的蓬勃发展不仅扩展了自身的内容疆域，挤压传统媒体的受众市场份额，还改变了受众与内容间的交互形式，改变了传统媒体一枝独秀的垄断地位。以往，电视媒体作为传统强势媒体掌握着内容生产与分发的控制权，拥有一套固定的内容生产模式，导致对互联网行业早期的冲击并不敏感，在内容生产过程中也始终沿用过去的方式与思路，这使得电视媒体错失了最佳时机。因此，电视媒体需要正视自己在内容生产过程中存在的桎梏，并积极借助互联网时代的渠道、平台等优势实现高质量内容生产的良好转型。

传统电视内容生产模式的固化主要体现在以下几个层面：

第一，传统电视的内容供给较为单一。以往，电视的内容生产通常是针对固定的电视屏幕和播出时段，这种方式使得电视内容生产呈现单一供给的特点。首先，终端收视设备呈现单一供给。电视内容通常通过固定的电视荧幕传播，仅考虑到观众在固定地点的观看，难以兼顾"网生代"受众多终端的收视诉求。其次，传统内容通常在某个频道、某个时段固定播出，播出时段呈现单一供给。这种模式要求观众需要选择特定时间、特定地点观看节目。

第二，相较于互联网视频，电视媒体的内容审核机制较为严格，一档节目从策划到播出需要历经重重"关卡"，创作环境并没有那么自由。

第三，电视媒体播出的节目量较大，需要不断推陈出新。在长期高产节目的状态下，内容生产极易疲软，尤其是一些老牌节目，虽然历经多年仍然占据黄金时段，但是节目内容却还是"熟悉的味道"，观众难免产生审美疲劳。反之，互联网视频的内容创意、节目风格、播出时长都由平台自身把控，与电视媒体相比，短期内生产大量视频的压力较小，加之创作环境更为宽松自由，他们能够把主要精力放在头部节目中。因此，从优化内容供给源头、创新内容创意、稳固内容权威性等几个层次上发力，或许有助于电视媒体内容生产转型，并将电视媒体塑造成新型的主流媒体。

（一）从源头发力，建设立体化供给体系

电视媒体应当革新以往单一的供给形式，借助"互联网＋"大势实现立体化、多维度供给体系的转型。随着移动互联网的发展，用户开启了"多进程""多终端""多任务"的观看模式，媒体间的"共时"生存成为一种常态。传统的生产模式已难以适应用户碎片化、多终端的视听需求，这就要求电视内容应当将以往一个平台的输出转为多个平台的输出，将以往的固定收看转为移动收看，将以往单向的传播形式转为与用户之间可交互的、多向的互动方式……以上措施都可以借助"中央厨房"作为内容加工处理的内核，在内容传播时借助多个平台和终端，并结合社交平台实现交互方式的衍生。除这些措施，在区域整合层面也有可以优化的空间。例如，政府能够通过行政主导的方式，促进同一个区域内省级、地方级电视台以内容生产为主要切入点进行媒介融合转型。内容生产能力较强的省级电视台可以与地方级、市级电视台合作生产内容，打造以区域为单位的优质内容。由点及面，从区域局部改革开启整个电视媒体行业内容生产供给侧的革新。

（二）自研创新性内容，稳固核心竞争力

无论是新兴媒体，还是传统媒体，内容高度同质化都是绕不开的话题。因为在每一个特定历史时期，受众的价值取向和认知都是趋同的，这使得传统媒体的内容高度同质化，并在新兴媒体身上体现出来。要想打破这一魔咒，最好的方法就是培育媒体人的创新实力，并积极自主地研制原创性内容。

自研内容的第一个层次就是培养内容的创新化，深耕具有创新性的内容创意。电视媒体的创新力与网络平台相比，稍显疲软。因此，可以从以下四方面着手：

第一，媒体人要对网络自制节目进行深入调研，获悉网络自制节目的内容特点并深刻调研"网生代"的需求喜好，从中获得内容创意灵感。

第二，可以在内容策划团队中更多地注入一些年轻的新鲜血液，为内容策划贡献有趣的创意观点。

第三，媒体人要更加紧密地关注国外电视媒体的内容动向，将目光投向海外，从

外取经。

第四，电视媒体也可以借助高、精、尖技术提升内容自研的效率。例如，借助大数据平台分析、预测观众喜好，并提早预备，给自研内容提供坚实的数据支撑。

自研内容的第二个层次就是内容多层次化。电视可以将传统文化、新兴文化、小众文化、地域文化等多样、多层次的内容汲取到节目创作中。《中国诗词大会》将中国博大精深的传统诗词文化纳入节目中，历经整整 365 天，匠心打造，在给观众带去文化共鸣的同时，激发了国人的文化自豪感；《我是未来》将前沿科技完美融入节目，内容创新与科学科普双管齐下；《见字如面》以书信这一小众文化为窗口，让观众透过窗口看到历史、社会等多元化文化内涵；《向往的生活》融入地域性的美食文化，从地域美食窥探地域丰富的文化，使观众感受到"美味又美好"的丰厚体验。"方寸显精神，咫尺见乾坤"，每一档原创性节目的成功都并非信手拈来，其背后是每个媒体人持之以恒的精神。在新技术、新文化不断迭起的时代，媒体人更应该充分挖掘、传播中华文化的精髓和多元的创新路径，不忘初心，砥砺前行。

版权引进、借鉴模仿、消化吸收、自主研发、自主创新是一个循序渐进的、逐渐甩掉拐杖的、不断摆脱依赖的过程。因此，无论是对电视台而言，还是对网络平台而言，都极具挑战。但值得注意的是，自主研制内容并非完全摒弃原本的版权引进等内容模式，自研内容的目标在于丰富电视内容的"库存"，并通过差异化、独一无二的优质内容强化卫视品牌在观众心中的认知。

（三）深耕权威性内容，应对后真相时代

除促进高质量内容的生产，积极转型、力图求变，电视媒体还应当坚守传统权威媒体的责任与使命，发挥自己的公信力优势，深耕权威性内容。我们不得不承认，过去由专业媒体主导的大众传播时代正在逐渐转向全民参与的人人皆媒介时代。在这个时代下，社交网络、碎片化内容传播不仅激发了普通大众的话语权，还使得传统媒体的话语权旁落，并且引发了虚假新闻盛行的问题，因此学者将其称为"后真相时代"。《牛津词典》对"后真相"的解释是"相对于情感及个人信念，客观事实对形成民意只有相对小的影响"；即用户在受到情绪与情感煽动时极易忽略事实的真相，面对网

络空间中鱼龙混杂的信息时，用户常对此选择性地相信，"客观的'真相'常被主观的'我相信'替代"。那么，此时真正具有权威性的传统媒体就更应起到舆论引导的作用。

首先，电视媒体应当重塑专业权威，重拾对真相报道与内容解释的话语权。这要求媒体人本身拥有过硬的专业素养，电视媒体具备对内容的数据采集与分析等技术运作的扎实能力，从内容生产的源头到策划，直至最后的传播等各个环节都全方位无死角地"打假"，通过专业化的内容生产唤醒用户对电视媒体的认可，重塑作为传统权威媒体的信源权威；其次，电视媒体需要关注用户心理诉求，重塑内容价值，以此培养用户对电视媒体的忠诚度。电视媒体作为专业的权威媒体，并不能完全遵照"刻板印象"输出内容，而应当在揣摩"网生代"用户心理以后，依照专业的生产思路生产优质内容，在确保内容不断创新的同时拥有权威性，从而获得用户青睐。在我国改革进入深水区、阶层日益分化的背景下，媒体人更应该担起社会瞭望者和维系社会共识的责任，将电视媒体打造成新型的主流媒体。

二、创新节目形式，开辟创意蓝海

网络平台的内容给电视媒体带来流量危机的同时也带来了基于内容形式层面上的创意源泉，使电视媒体看到了全新的可能性。因此，在媒介转型过程中，除稳固内容质量这一内核，还应当针对内容特性、终端特色与用户需求，从内容的呈现形式上进行创新，打破原有固化的呈现模式，以全新的手段讲好全新的故事，对节目的时长、风格和表达进行全方位策划。

（一）视频时长做"除法"，唤醒电视节目原力

以爱奇艺、腾讯等为代表的视频平台成功地将长视频播放阵地转移到移动客户端；以抖音、快手等为代表的 UGC 短视频平台将长视频时长不断压缩，令时长短于 10 秒以下的短视频成为网络用户全新的"栖息"阵地。从资本的角度看，业界普遍看好短视频的形式，投资热度始终居高不下。短视频如此风靡的原因，主要有以下几

个层面：

第一，短视频短小精悍，符合当前用户碎片化的视听习惯。

第二，短视频内容供给主要来源于 UGC，在用户不断追求自身话语权的当下，它满足了每个用户自我表达的诉求。

因此，对于电视媒体而言，应当积极适应用户碎片化的收视需求，解构长视频以往的制作思路，将目光分散到短视频领域，运用短视频的思维模式丰富视频形态。

从播出平台看，短视频内容从时长、风格到表达方式等各个方面的特征都与电视平台的属性"背道而驰"，因此将长视频制作成短视频并不适合在电视平台直接播出，而应当将长视频的精华部分提炼出来，并通过第三方或是卫视自己的新媒体平台传播，从而对长视频内容进行二次创作、二次传播，叠加传播效应。例如，湖南卫视旗下的"芒果 TV"，浙江卫视旗下的"中国蓝 TV"都是较传统电视而言更加适合播放短视频的平台。

从内容类型看，新闻报道类、专题栏目类及影视综艺类等内容与短视频的传播形式和风格能够更好地契合。新闻报道类内容从视频时长上看就是一种"严肃型"的短视频，因此借助新媒体平台便可以完成短视频内容形态的转型。例如，"央视新闻"产品中的时政微视频报道就曾以"轻剪辑、深阅读"为理念推出 60 秒新闻短视频内容，并配上深度的图文解读，给用户提供快速观看、深度阅读的体验。专题栏目包含时尚潮流、美食健康、生活服务等内容，这些节目可以被剪辑出来单独成片，或者制成一系列的短视频，并借助新媒体平台进行多渠道传播。影视综艺类内容非常契合当前泛娱乐化的视频风格，搞笑、吐槽等各个片段都可剪辑成片，并借助社交平台整合营销。例如，真人秀《奔跑吧》就曾将 2017 年 6 月 30 日播出的第 12 期节目剪辑、分切为 47 段长度大约为 3min 的短视频，并配合有趣的话题夺人眼球；电视剧《三生三世十里桃花》就曾将幕后花絮进行二度创作制成短视频，在社交平台上广为传播，为电视剧推波助澜。

在进军短视频的过程中，最大的疑问在于电视媒体是否还能维持内容本身的优势。对于电视媒体而言，大多数的短视频内容是原本传统长视频内容的二次创作，但这并非意味着，直接将长视频内容随意剪辑、拼凑就能迁移到网络平台，"新瓶装新酒"需要考虑到不同场景的特点与风格。此外，短视频虽是风口，能够带来庞大的用户流量，但并不意味着各个类型的短视频都适合电视产出，过于"急功近利"容易"弄巧成拙"。

因此，电视媒体在进军短视频领域时，需要注意：其一，内容在不同平台间迁移时，需要时刻考量平台本身的特性，将视频生产与场景风格做出适配。其二，视频的长短不应该影响内容质量，电视应当找到符合传统媒体风格的视频进行二度创作。其三，电视媒体的权威与公信力无论在哪种语境下都是制胜法宝，应当牢牢坚守媒体的使命，不仅持续输出专业化的内容，而且能给如今内容良莠不齐、鱼龙混杂的短视频领域树立榜样。

（二）呈现形式做"乘法"，叠加内容传播力

电视内容生产模式的固化引发了内容呈现形式的统一化。在电视节目的快速上升期与成熟发展期，固定统一的呈现形态是利大于弊的。首先，程式化的呈现内容成本较低，电视能够快速、高效地产出内容；其次，固定的呈现形态更利于被观众接受。但在信息高速发展的当下，电视发展逐渐走向疲软阶段，如果继续故步自封，不加以创新，或许难以维持节目的吸引力。

可以从两个层次在呈现形式上大做文章：第一个层次是电视节目中的嘉宾、故事讲述等呈现形式可进行全新突破；第二个层次是电视节目借助新技术，从用户接收内容的角度看，对内容呈现形式进行突破。

第一个层次，是对传统的节目内容进行大刀阔斧的改革，无论是嘉宾的出场方式，还是内容的叙事形式，都可以进行彻底颠覆。例如，音乐竞猜真人秀节目《蒙面唱将猜猜猜》。该节目对竞演嘉宾进行乔装打扮，观众只能听其声，不能见其真容，由艺人组成的猜评团和观众一起猜测嘉宾的真实身份。相对于以往嘉宾直接出场的呈现形式，《蒙面唱将猜猜猜》营造了"犹抱琵琶半遮面"的神秘感，充分勾起观众的猎奇心理。

来自央视的鉴宝类节目《国家宝藏》，在演播厅内通过穿越的形式讲述"国家宝藏"的"前世今生"。对比过去的鉴宝类节目，《国家宝藏》在内容呈现上有几大创

新。首先，借助"国宝守护人"的视角讲述国宝档案；其次，通过小剧场演绎国宝典故；最后，通过现代化技术构建国宝故事中的场景。传统的鉴宝节目大多直接呈现宝物原貌或通过竞猜环节吊观众胃口，但《国家宝藏》却反其道而行，借助一个个小剧场将国宝故事串联起来，通过具体的故事加深观众对国宝的了解。

此外，电视媒体还可借助沉浸式技术，给他们带去视觉、感官上的全新体验。这就要求电视节目在策划的过程中，要针对不同的呈现形式对内容做出调整，使内容与呈现形式完美结合。例如，结合了沉浸式技术的电视节目，需要考虑如何为用户提供更立体的感官体验，如何在原基础上增加更丰富的内容细节，使用户在观看电视节目时看到节目第一个层次的内容就可以感受到节目更多层次的内容。

有趣的呈现形式能够让早已审美疲劳的用户对电视内容重拾兴趣。但形式是外衣，内容才是核心，只有当优质的内容配上炫酷的形式时，内容传播力才会成倍叠加。

三、内容制作"去中心化"，强化用户参与感

安迪沃霍尔曾说："在未来，每个人都能成名15分钟"。安迪沃霍尔很好地预言了在适当的场景下，只要有足够的曝光，每个人都能够成为超级明星。而以抖音、快手等为代表的网络平台便是"适当的场景"，它们不断地将用户的自主权放大，令用户拿到属于自己的麦克风，从而为自己发声。这些网络平台成为资本重新拥戴的对象，而来源于用户的网络用语和内容创意也成为平台的素材之一。这从侧面反映出：首先，用户这个群体的价值是无限的，如果给他们一定的自主权，他们能够为内容制作提供源源不断的创意源泉；其次，在自由的平台中，每个用户都能够成为传播中心。

早期的电视媒体，媒体与受众之间的界限泾渭分明，内容制作由专业记者、编辑等人员一手操作。但在媒介融合深化阶段，内容制作手段应该呈现"去中心化"的特点，引入 OGC＋PGC＋UGC 的模式，不仅仅是简单的制播分离，还要充分激发用户潜力，让用户成为传播渠道之一，并培育生产型受众，强化用户参与感，使用户也成为电视内容传播、内容制作的重要一部分。

（一）去中心化内容制作，激发用户生产内容

对于互联网平台而言，用户的价值是无限的，他们不仅能够带来流量，还能够给平台提供内容素材。同理，电视媒体应该以"去中心化"的制作手段，将用户作为内容生产的原动力之一。"去中心化"是相对于以往"中心化"而言的全新的内容制作方式。在"去中心化"的语境中，内容制作、传播都不再是专业媒体及特定人群的特权，而是全民参与、共同制造的结果。无论是对于传统媒体而言，还是对于网络媒体而言，用户自发生产的内容都颇具价值，当这些内容被挖掘并被利用之后，能够从某种程度上提升传统媒体内容的制作能力。不得不承认的是，相较于网络平台，电视媒体研发"去中心化"的内容制作模式拥有一定的壁垒，即在网络平台中，用户自主生产的内容能为用户带来一定的影响力，甚至当影响力到达一定程度时，该用户还能够依托自主生产的内容获得一定的经济收益。但电视媒体似乎并未给 UGC 提供如同网络平台的资源，用户创作的热情或许不会那么高涨。

因此，电视媒体需要先攻破的问题就是如何引导用户为电视媒体生产内容，即培养用户的创作欲是用户参与内容生产闭环的第一个重要节点。这个问题可以拆分成两个层面解决：第一个层面是为用户提供专门的内容生产渠道；第二个层面是强化用户的参与感。

从内容题材上看，新闻内容是很好的切入点。在极度追求时效性的新闻内容中，用户生产的内容在某种程度上能够成为新闻报道的第一手资料。作为资深的传统媒体，BBC 对 UGC 格外重视。首先，BBC 通过新媒体平台设置了专门的反馈入口，开辟了特定的 UGC 通道，给用户提供了便捷的内容生产、内容提供的入口；其次，BBC 设置了用户生产内容中心频道与栏目，将用户生产的内容整合到该频道、栏目下；再者，BBC 与 Capture Wales 网站合作，每个月都以公益项目的形式对用户进行媒介素养培训，以此鼓励用户参与表达。从中可以看出，BBC 不仅通过官方渠道鼓励用户参与内容制作，为其搭建专门的通道与入口，还在新闻内容正式发布的过程中，积极采用用户提供的影像、图片作为资料素材，以实际行动告诉用户他们的重要性。如此，一方面弥补了记者在重大突发事件中的缺位；另一方面，用户看到自己提供的素材出现在正式的新闻节目中，能够从中获得一定的参与感与自我满足感，促进下一阶段更

加积极地参与。

（二）规范用户生产内容的模式

当用户有了积极参与内容生产的意识后，电视媒体就需要考虑如何更加规范化、有效化地让用户参与制作内容。网络平台低门槛的内容制作形式容易导致内容良莠不齐。同理，电视媒体如果彻底开放用户的制作权利，给用户足够大的自由度或许会导致内容质量下降。因此，传统电视媒体需要衡量好用户自主权的权利边界，建立更具专业性与威信力的 UGC 制作机制，净化内容环境，并确保用户参与制作的有效性。

建立 UGC 制作机制的过程：首先，从用户的筛选层面上看，电视媒体可以有选择性地筛选不同内容的目标用户，给目标用户开放参与内容制作的权利，这可以借助大数据、云计算技术。这些技术能够从数据层面帮助电视媒体更好地甄别用户的行为、情绪，使电视媒体更好地锁定不同内容的目标用户。其次，电视媒体应当鼓励用户，培养他们追求高品质内容的意识，让用户共同参与、监督内容质量，净化内容环境的过程，让他们在享受到内容制作权利的同时，也尽到优化内容质量的义务。

当然，用户参与内容制作并非用户主导内容制作。其中，用户只是给媒体出谋划策的重要节点，真正的"把关人"仍然是专业媒体人，无论哪个时期，专业的媒体人都是内容制作的主要生产力，始终肩负着确保内容专业度和公信力的使命。

尽管内容转型存在诸多未知因素，但有一点可以确定，那就是对于传统电视媒体而言，专业的内容策划、制作、生产者始终是确保内容质量的不二法门，而内容的质量与专业性也是传统电视媒体在未来媒介融合大势中能够持续拥有话语权的核心。无论未来充满多少艰难险阻，新技术发展得多么惊涛骇浪，当我们站在浪潮中央，能够让我们充满自信的依旧是那些具有代表性的精品内容。

第三节　跨界融合重构电视业态

人工智能、大数据、区块链技术等新的传播技术层出不穷，正在推动新一轮电视业态的重构。以往站在此岸观望彼岸的做法使得传统媒体仍然没有跳出旧有的窠臼，在有限的空间里也难以施展拳脚，媒介的消亡、融合与转型已经成为不可逆转的浪潮。因此，面对媒体生产、流通与消费场景所发生的巨大变化，传统电视媒体必须关注未来媒体业态，直接在全新的彼岸搭建行业布局。首先，运用未来科技打造多屏立体化的传播体系，构建一套多层次、多维度的用户入口体系。其次，在新市场开拓成本上升、渠道资源不再是独享专利的背景下，电视的区域化运营成为中小媒体的生存途径，更快、更精准、更有效地到达用户，实现区域内外的资源联动，抱团取暖放大能量；另外，在媒体行业内部实现资源的深度整合是新旧媒体的双赢之举，双方相互借力共同推动传媒业态健康循环发展。最后，在媒体行业外部与其他产业展开战略合作，在跨界融合中提升品牌影响力，并在与产业链条的合作共建中着手布局多形式的变现模式，真正实现行业盈利。

一、打造多屏立体化传播体系，打通海量用户入口

随着移动互联网时代的到来，新的媒介渠道如雨后春笋般涌现，加速瓦解了电视媒体的固有生态环境，其中渠道垄断失灵所带来的用户流失是致命一击。但"失之东隅，收之桑榆"，在科技的助推下撬动了未来的视频生态，电视大屏被期望成为中坚力量。

追溯以往的旧时光，电视作为维系一家人娱乐时光的纽带，常常被摆放在客厅墙面的中央。目前，电视身陷互联网和新兴媒体的重重包围中，在一些年轻人心中早已

不是家庭娱乐中心。但困兽犹斗，在科技创新的驱动下，电视业态已经跨越传统意义上的电视屏，紧紧抓住家庭互联网端口，聚集新的电视形态，布局 IPTV、OTTTV 等新电视业务，运营智能电视的基础形态，扩大市场份额；利用移动互联网打造手机电视的拓展形态；通过 AI 技术实现逆势破局，建立未来电视的理想形态。这是电视媒体从不同层次上构建理想的传播体系，打通多维用户入口，重回家庭互联网核心，重新夺回失去的渠道和流量的明智之选。

（一）未来电视的基础形态：智能电视

目前，虽然传统电视行业的用户正在流失，但以 IPTV、OTTTV 为架构的智能电视业务却逆流而上，颠覆了用户的传统线性收视行为，逐渐成为电视市场的主力终端，这也是未来电视业的基础形态。但目前的智能电视仍然处于发展阶段，BAT 级别的巨头在电视大屏上的悉数入局，推动着整体电视大屏的智能化、智慧化和生态化。因此，智能电视作为家庭互娱中心，需要在自身硬件持续不断升级的基础上提升平台内容和服务的广度与深度，以匹配用户需求，提升用户体验，成为家庭互联网的基础入口。

（二）未来电视的拓展形态：手机电视

当传统媒体还在焦灼于互联网转型时，互联网的主战场早已转向移动互联网。运营手机电视是"互联网＋"时代电视转型的进一步深化，也是未来电视业的拓展形态。与智能手机的飞速发展和移动网络视频观看人数的迅猛增长不相匹配的是，电视并没有成功地将业务转向移动端，基本上还是作为内容提供商为各大视频平台提供内容，这意味着电视媒体必须牺牲掉一部分广告流量和用户资源。因此，建立手机电视 App，直接向用户传递电视内容，并建立完善的平台社区，提供关系连接和高质量的服务，利用内容资源优势做独家版权和全版权运营，不断扩大装机量，提升影响力，可以达到拉取用户流量、沉淀粉丝群体的作用。

（三）未来电视的理想形态：AI 大屏

传媒业的发展往往与媒介技术的发展紧密相连，从印刷、无线电到互联网，每一次的技术革新对于传媒业而言都是一次重新洗牌。随着浩浩荡荡的"AI for everything"的浪潮，AI被寄予了推动下一次媒介革命的可能。从"互联网＋视频"到"AI＋视频"的转变，预示着电视业的未来理想形态将是"AI大屏"。在2018年爱奇艺世界大会中，爱奇艺创始人、CEO龚宇指出，未来的娱乐是AI的娱乐，创作者和平台将通过AI技术为用户做个性化创作和精准推送。作为网络视频行业的头部平台，爱奇艺平台AI驱动的规划对电视媒体有一定的启发。基于AI技术所带来的机器学习、智能控制、感知升级等能给电视行业带来更广阔的想象力，AI与电视软件、硬件的结合，将在智能创作、智能生产、智能播放、智能标注、智能分发、智能变现和智能客服七大环节推动电视形态的迭代，彻底颠覆原本的内容生产、流通与消费的模式，从而进入AI大屏的全新时代。

二、关注电视区域化运营，突破"最后一公里"难题

在电视媒体融合转型的路上，中央电视台和部分省级卫视处于引导范式的领军位置。但纵观我国的传媒环境，存在大量省级卫视、市级电视台和区县级电视台等区域性媒体。在面对来势汹汹的新媒体，头部电视媒体尚且感到力困筋乏，而覆盖面积和资源数量本就受到限制的地方，媒体更是面临着巨大的生存困境，那么出路在哪里？地方媒体的地域性特色决定了它与扁平一体化、信息海量化的互联网环境之间存在差异，而且相对于互联网新媒体而言，地域性媒体拥有更强的公信力、舆论引导力和社会整合能力。因此，地方电视媒体的区域化运营实际上可以成为破解到达用户"最后一公里"的难题之钥，并将劣势转换为优势，立足区域特色，使内容精准、快速、及时地抵达用户。除此之外，地方媒体还应建立战略合作关系以寻求共赢，优化区域之间的资源配置与调度，抱团取暖入驻大型平台，实现流量扩增。

（一）因地制宜推动内容和服务升级

中国有句谚语，"百里不同风，千里不同俗"，不同区域的电视媒体所面临的社会环境和用户群体不同，因此每个地方的媒体都应科学地分析自身的优势和不足，因

地制宜地制定差异化发展路径。其中最重要的决策依据在于对本地用户的属性数据、行为数据和媒体使用数据进行全面的收集和分析，从不同的维度动态地把握本地的用户数据，洞悉区域媒体生态。立足于当地独有的文化资源，有针对性地给不同用户群提供本土化内容和服务，嵌入用户的日常生活中，寻找与用户的共鸣点，培养稳定的用户群，提升用户对电视媒体的依赖度、信任度和忠诚度。

同时，地方电视媒体应在媒介产业链的基础上结合本地发展战略，从而融入本地市场，打造区域性服务平台。电视媒体可以与当地政府、企业合作，引入"电视＋企业"模式，用当地的特色产业资源满足本地用户的需求，通过线上节目进行推广与营销，在电视媒体提供的服务平台中完成产品与用户的连接。例如，在传统电视团购模式的基础上引入 T2O 模式。T2O（TV to Online），是指在电视端进行产品展示与宣传，可以直接实现用户"即看即买"的线上购买行为。但是，相对于一线电视台基于大流量、大制作而言，地方电视台应注重针对当地消费特色进行的商品推广和精准营销。让本地企业的特色产品、三农产品等基于大数据分析和多屏互动的 T2O 模式，以最优的性价比和最快的时效性到达用户。如此共赢之举不仅可以拓展电视产业链条，还可以推动当地经济发展，塑造区域特色媒介生态。

（二）区域内外资源联动和联合运营

对于区域性电视媒体，尤其是一些欠发达地区的县市级电视台来说，在互联网转型的汹涌波涛中单打独斗存在资金有限、人才缺乏和技术能力不足等问题，因此各级机构抱团取暖，加强区域内外的资源联动和联合运营，通过合纵连横、取长补短提升竞争力是可行之道。首先需要整合区域内资源，将同省内的各地市、区县广电总局媒体的资源聚合起来并完成优化配置，协同合作。例如，一方面，广东广播电视台发起的"广东广电总局媒体融合共同体"项目，将全省 20 多个地市级电视台的资源在较大的平台上进行整合运用；另一方面，各区域之间也应当建立战略合作关系，交换特色资源，并与中央媒体紧密衔接，以"地方小厨"入驻"中央厨房"，完成资源、内容和服务的双向输送，这不仅可以依托中央媒体等大型平台的资源拓宽自身平台内容容量，还可以为大型平台提供大量富有特色的区域资源，使内容抵达更广阔的用户市场。

三、从竞争格局走向融合共生，行业资源整合运营

有"数字时代的麦克卢汉"之称的保罗·莱文森曾提出媒介进化论，他认为媒介进化是一种系统内的自调节和自组织，其机制在于"补救媒介"。新媒体相对于传统媒体而言存在着补救作用，如广播是对报纸的补救，电视是对广播的补救，而互联网的出现是对旧有媒介的全方位补救，因此新旧媒体之间必不可少地存在交叉与融合。在当下的媒介环境中，新旧媒体之间总是处于竞争割据的状态，但把它们当作两个"物种"的看法不符合媒介融合的要求。应该正确理解在媒体行业内部存在的一种复杂的博弈和协作关系：新媒体的出现在所难免地挤占了传统媒体的用户市场和渠道流量，但是这种竞争并非此消彼长的零和博弈，双方可以在深度融合的基础上协作，从竞争割据走向融合共生。传统媒体借力新媒体，发展"中央厨房"和"特色厨房"模式，新媒体也要借助传统媒体的权威性提高公信力，二者的正向融合可以实现媒体行业资源的整合运营。

（一）借力新媒体，消融媒体边界

"互联网＋"时代，电视媒体融合转型的未来路径在于媒体基因的彻底再造与转向。电视媒体要将挑战转变为机遇，抛弃墨守成规的一成不变，改变刻舟求剑的保守态度，主动拥抱新媒体，消融传统传媒业的固有边界，破茧重生。回首过去，报纸、广播和电视都作为相对独立的媒介渠道而存在过，但作为它们的"补救媒介"——互联网，就像一张无处不在、无时不有的大网，连接着信息与信息、渠道与渠道、人与人。信息内容不再依靠单一的表现形式和传播手段，而是通过附属于互联网之上的任何主体、平台和终端实现生产与分发。"中央厨房"，即典型的应用模式，创新了媒体融合的报道流程与机制，"一体策划、一次采集、多种生成、多元传播、全天滚动、全球覆盖"，在生产流程上实现了新兴媒体与传统媒体、线上与线下、母媒与子媒、国内媒体与国外媒体的四个"联动"。

但是，在媒介环境的相互影响与交织继续深化的阶段，也要注意"中央厨房"模式可能带来的信息同质化问题。传统媒体与新媒体的深度融合、双方资源的共享会使相同的内容通过不同渠道到达相同的用户，在信息洪流的轰炸中也会造成信息浪费。因此，未来的融合模式要想走得更远，应该结合 AI、LBS（生活服务模式）、大数据和云计算等技术，因时制宜、因人制宜，打造"特色厨房""个性化厨房"，嵌入用户生活场景，实现良性循环的发展。

（二）在融合时代坚守传媒业的专业价值

电视媒体的融合转型，不能抛弃一切企图在空中楼阁上重建媒介生态。在以机器、技术为主导的泛媒、众媒和智媒时代里，更应该坚守传媒业、传媒人的职业素养和专业价值。美国传播学者拉扎斯菲尔德和默顿曾指出，大众媒介是一种既可以为善服务，又可以为恶服务的强大工具，若不加以适当的控制，它为恶的可能性更大。人工智能、大数据、物联网、VR/AR 等新技术的涌现，成为电视媒体行业升级的最大驱动力，深刻改变了传统的媒介环境。未来，思考人的价值是我们必须面对的问题。新兴技术为电视行业插上想象翅膀的同时，也带来了诸如数据风险、信息茧房、算法偏见与信息操控等风险和陷阱，如果一味地追逐流量资本，电视媒体也会在某一天迷失在算法和技术的漩涡中。因此，传媒人、传媒业对于专业主义的强调尚未过时，媒介融合可谓"路漫漫其修远兮"，那些"坚守"和"情怀"不应该被遗忘，让"人"的价值在智媒时代仍处于价值观引导的地位。

四、"电视＋"连接延伸产业，助力构建共赢生态

在传媒内部，产业链围绕 IP 附加媒介产品价值仍然是一种较为初级的媒介融合方式，并没有脱离媒介行业内部本身的产业范围。在融合转型的发展浪潮中，传统电视媒体若要在互联网空间中寻找破局"药方"，就必须跳出媒体产业，以媒介 IP 产品、媒介平台和媒介服务逆向整合其他产业，线上线下展开跨界合作，从而获得更多的盈利空间。因此，以电视为代表的传媒业逆向融合，连接延伸产业的跨界融合模式

成为大势所趋。与此同时，如何在公开、免费的互联网中探索合理的变现模式，构建互利共赢的媒介生态成为亟待思考的问题。

（一）"电视＋"延伸产业，跨界融合提升品牌影响力

媒介产业具有一定的独立性，拥有自己的产业链条，但媒介产业也是众多产业形态中的一环，处于更大的社会系统中。媒介产业链可以与媒介之外的产业链条进行附加整合，在跨界融合中提升各自的品牌影响力。TMT 产业是电信（Telecommunication）、媒体（Media）和科技（Technology）三个英文单词的首字母缩写，是电信、新媒体和互联网科技互相融合的背景下兴起的一个产业名称。如果说以往的电视媒体还在费力寻求"互联网＋"所带来的渠道拓展和技术升级，那么未来的电视媒体就应该以积极的姿态在产业融合中主动布局，实现"电视＋"战略；整合线上资源与线下实体经济行业，实现媒体产业的逆向发展。例如，"电视＋电信"产业以"三网融合"为支撑架构，发展 IPTV 等数字电视、互动电视服务；"电视＋其他媒体"之间完成媒体行业内部的资源整合，让广电总局媒体与新兴视听媒体融为一体；"电视＋互联网科技"产业中兼收并购浪潮不断，媒体积极构建中介平台，打通线上线下资源，进行产业集群化发展，实现无线联通业务拓展。

近几年，BAT 三巨头分别通过自营或者投资的方式在媒体领域展开布局，其中阿里巴巴集团用跨界连接的思维涉足了影视娱乐、音乐、视频、文学和内容分发等媒体领域，旗下已拥有包括财新、虎嗅、36 氪在内的 20 余家媒体。电视媒体与其他产业在内容生产与流通、企业品牌、市场营销、产品设计、使用体验和客户服务等方面的融合，不仅可以达到双向互通，不同产业之间的用户身份融合，双方共享用户流量，还可以共同提升品牌的影响力和知名度。电视媒体相较于其他产业而言，其本身的公共性和权威性足以支撑它成为更具有说服性的媒体渠道。通过产业集群，可以获得社会效益和经济效益的双丰收。

（二）推动产业链多环节"货币化"

随着社会的发展进入新时代，我国社会的主要矛盾已经转化为人们日益增长的美

好生活需求和不平衡、不充分的发展之间的矛盾，快节奏、高强度的生活使得知识焦虑症成为社会上普遍蔓延的情绪。目前，我国已经形成一定规模的数字内容付费人群，他们热衷于组建粉丝社群并为其喜欢的数字内容产品打赏、付费，在此过程中完成社会关系的维系，并寻求认同与归属感。同时，移动支付技术和业务日趋成熟，无处不在的移动设备正快速代替钱包，改变着人们的支付方式。电视媒体也应当在与其他产业的相融中推动产业链多环节的"货币化"，不能再一味地依靠"赔钱赚吆喝"的免费模式拉取用户流量。

电视媒体拥有公共性、宣传性的同时也具有经营性，尤其是在"一元体制，二元运作"机制的影响下，电视媒体如何使得产品既好，又被广大群众所接受尤为重要。纵观包括电视业在内的传媒业，在探索变现模式的过程中围绕"产品""广告"与"服务"，不断拓展产业链外延和价值附加方式。例如，爱奇艺提出的广告、会员付费业务、经纪、打赏、出版、发行、IP授权、游戏、电商的九种变现途径，都是在三大板块的基础上开发出的"货币化"模式。因此，以优质内容为中心进行产品营销、用新技术改变传统广告模式、在内容的基础上叠加服务提升用户体验，是电视媒体实现盈利的基本思路。结合目前的发展状况，未来电视媒体可能的"货币化"路径包括但不限于：①更智能的信息流广告业务，针对不同用户群体推送更精准的广告；②结合区块链等新兴技术，解决内容生产与分发之间的版权与信任问题，用高质量的内容设置付费墙；③优质IP的全版权、跨产业运营。在"文学、影视、动漫、游戏"联动的基础上叠加更多的产业机会，如合作建立主题餐厅等；④T2O商业模式的进一步深化不仅可以为线上电商引流，还应与线下实体经济相融并开展新零售。

时间在流逝，万物在成长，在风云变幻的信息化时代里，电视业"过去未去，未来已来"。面对层出不穷的新媒体技术和日新月异的传媒业态，电视媒体无须怀念过去的光荣岁月而止步不前，也无须坐立难安而舍本逐末，而是在消融和重建的博弈中找准行业切口，以全新的姿态应对改革转型。电视业的涅槃重生未来可期！

第三章　融媒体时代新闻传播媒介的变化

第一节　纸质媒介与新闻传播

新闻传播中的纸质媒介包括报纸和期刊，其诞生和发展对人类传播活动所产生的作用是巨大的。虽然纸质媒介在融媒体时代面临着巨大的挑战，但是其具有独有的优势和特点，电子媒介和新媒介虽然能够代替其部分功能，但无法将其完全取代。下面将对纸质媒介的诞生及发展、期刊和新闻传播、报纸和新闻传播、融媒体时代的纸质媒介进行具体阐述。

一、纸质媒介的诞生及发展

纵观传播的发展史，人类的传播始于面对面的沟通，之后才发展成通过媒介进行传播。在传播媒介的演进过程中，文字时代的到来，直接催生了书写媒介的使用；造纸术的发明，改变了信息传播的广度和深度；而印刷术的革命，使纸质媒介的大众传播成为可能。

（一）造纸术的发明

简单地说，文字的演变，经历了从象形再现到语音系统的过程，是从图画式的绘图表达复杂的概念，发展到用简单的字母示意具体的声音。这些简单的字母，在后来的生产生活过程中，经过标准化，成为最早期的文字。

文字出现之后，作为某种共同的编码，成了人类传播活动发展的重大突破之一，但随即人们发现，这些刻于石头、木片、竹片之上的文字难以搬运，其传播功能更是难以实现，传播文字的媒介成为当时最紧迫的需求。约在公元前 2500 年，埃及人用莎草制作纸张，同莎草纸齐名的还有中国的丝絮纸和墨西哥的阿玛特纸。丝絮纸由育蚕缫丝取丝绵时留于竹席上的残留丝絮晒干而成，人们改进工艺后制成絮纸，史称"薄小纸"，始于商代。阿玛特纸由一种叫阿玛特的阔叶树的树皮纤维制成，由印第安族的玛雅人发明。

（二）印刷术的革命

廉价纸张的问世，是纸质媒介诞生的前提；印刷术的革命，为纸质媒介提供了必要的技术条件。信息不仅可以被大量印刷并快速传播，还能实现其传播的广度和速度。

早在唐朝初年，中国古代劳动人民就发明了雕版印刷术，这是印刷术的起步。宋仁宗庆历年间，印刷工人毕昇发明了活字印刷，但这种技术未能得到广泛推广，直至元朝的大德年间，农学家王祯发明了木活字和转轮排字架，活字印刷术才得以广泛使用。

印刷术发明之后，印刷新闻的出现改变了信息传播的广度和速度。从 17 世纪开始，印刷术被广泛用于新闻传播活动中，至 19 世纪 30 年代，快速印刷技术与报纸的概念开始结合，成为一种真正的大众传播媒介——报纸。

二、期刊和新闻传播

新闻期刊以时事性内容为主，有固定名称，按照一定版式装订成册，按顺序编号出版。按内容分类，主要分为综合性新闻期刊和专业性新闻期刊；按出版周期分类，有季刊、双月刊、月刊、半月刊和周刊等。在内容生产链上，它扮演着后发制人的角色。在所有的媒介中，期刊偏女性化，这与历史有关。期刊的专业性是一个有趣的问题，这是其他媒介很少碰到的。与其他媒介相比较，期刊对文化的影响是最大的。

现在有一种趋势，使报纸和期刊在形态上的区别越来越模糊。一方面，报纸的头版开始朝着期刊化的方向发展，采用大字标题和大幅照片，也就是人们常说的"报纸读图化"；几乎所有的报纸都采用了导读的设计，而这也是原本专属于期刊的特色；同时，报纸越来越厚，"厚报化"似乎是另一种期刊形态的先兆。另一方面，大量的学术期刊取名为"学报"，而强调服务性的城市报纸却不再以某某报为名。这些变化都让人们在区分报纸与期刊时容易混淆。

有观点认为，不能仅从形态上区分报纸与期刊，它们之间的区别，最主要的还是各自承担的任务、发挥的职能不同，换言之，主要的区别在于各自刊载的内容。报纸以刊载新闻和评论为主，期刊则以刊载时事性文章和评论为主。用马克思和恩格斯的话来说，报纸的优点在于每日都能干预运动，能够成为运动的喉舌，能够反映出当前的整个局势，能够使人民和人民的日刊发生不断的、生动活泼的联系；而期刊的优点则在于能够广泛地研究各种事件，只谈最主要的问题。用列宁的话说，报纸适合鼓动，而期刊则适用宣传。

三、报纸和新闻传播

报纸的出现，意味着人类新闻事业的开端。报纸作为最早的大众新闻传播媒介，是资本主义经济发展到一定历史阶段的产物。世界上早期的报纸多为周报，如德国于1609年创办的《通告、报道与新闻报》、1615年创办的《法兰克福新闻》均为周报。1663年，《莱比锡新闻》创刊于德国，是世界上第一份日报。1690年，波士顿出版的《国内公共事件报》被认为是北美本土最早的报纸。1783年，美国第一家日报《宾夕法尼亚晚邮报》问世。日本直到19世纪60年代，近代报纸才陆续问世，但缺乏本土特色，大多模仿西方报纸。1815年，中国第一份近代报刊《察世俗每月统计传》在马六甲海峡出版。1858年初，瓦剌报馆在中国境内创办了第一种中文报纸《香港船头货价纸》。1925年，中国共产党创办了第一张日报《热血日报》。

20世纪初，新科技革命带来了广播电台和电视台，彻底改变了新闻传播媒介的整体格局，出现了报纸、广播和电视三分天下的局面，人类新闻事业从此进入了现代新闻事业阶段。在这一时期，报纸不仅受到了其他新闻传播媒介的挑战，自身也发生了很大的变化，具体表现在商业化报纸的大量出现、更大程度的社会化及垄断趋势的日益增强，这也成了现代报业的主要标志。

（一）报纸的新闻传播特点

报纸是人类新闻传播活动中非常重要的产物。在印刷术没有出现以前，古人通过手抄文字进行传播交流，虽然手抄文字比之前的口语传播有进步，但仍然无法克服其局限性和弊端。比如，由于手抄文字需要人工抄写，所以传递信息的速度较慢，无法批量传播，导致其传播范围狭窄，传播信息量有限。印刷术的出现催生了报纸的诞生，报纸以其独特的技术优势克服了手抄文字传播阶段的不足，形成了自己的特点。

1.报纸的优势

报纸作为现代社会生活举足轻重的新闻传播媒介之一，与广播、电视和互联网相比，有自己独特的优势和特点。

（1）易保存，有利于流传后世

手抄文字时期，人们为传递信息，选用了很多传播载体。在我国古代，相继出现的文字记录载体有甲骨、青铜器、石刻、简册、绿帛、纸等。这些载体有的价格昂贵，有的体积庞大，有的无法长期保存，流传范围有限。报纸则有轻薄、价廉的优点，尤其是印刷术出现后，文字不容易褪去，容易保存，甚至能流传百年。

（2）刊载的新闻具有深广性

报纸的报道内容既可以简明扼要、点到为止，又可以详尽分析、展开述评，体裁也包罗万象。

（3）报纸的阅读率比较高

报纸具有稳定的物质形态。纸张作为载体，文字记录信息，读者看得见、摸得着。与口耳传播相比，信息能够以确定的形式被记录下来，可以被反复阅读，甚至作为资料收藏，多年之后依旧具有阅读价值。麦克卢汉曾说，报纸就像口香糖一样，具有反复品味的魅力。此外，报纸价格低廉，又多以散页形式呈现，便于分享，传阅率较高。

（4）携带方便，随时随地可以接收信息

报纸不受时空范围的限制，读报地点和读报时间可以由读者自由选择和控制。读者可以在地铁、办公室、家里、公园里读报，可以在一天之中的任何空闲时间读报，在这一点上，读者的主动性很强。

（5）报纸的阅读选择比较自由

报纸是非线性的传播模式。一份报纸在手，受众对于某个版块、某篇报道，可以选择看或不看、先看或是后看、详看或是略看，受众不需要根据编辑的思路，顺着他人安排的路径去接收信息，也不必去看大量不感兴趣的版面，没有时间的限制，甚至可以将报纸寄存，等闲下来之后再安排时间阅读。与稍纵即逝、无法避开广告的广播和电视相比，读者在阅读报纸时的感受要好很多。

2.报纸的局限性

随着科学技术的进步和人类新闻传播事业的发展，在报纸之后出现了广播电台、电视台和互联网等大众传媒，与这些大众传媒相比，报纸存在一定的局限性。

（1）对读者的文化程度要求高

报纸是以印刷文字的形式向读者传递新闻信息的媒介，这意味着它对读者的文化素质有一定的要求。没有接受过教育，目不识丁的受众是无法阅读报纸的，而且文化水平较低的读者可能会出现误读、错读报纸上信息的问题，最终导致新闻传播没有朝传播者预期的方向发展。因此，报纸的受众必须接受过一定的教育，并且对报纸传递的新闻信息有正确的理解。

（2）与电视的声像一体相比，略显枯燥

报纸传播新闻信息依靠的是文字和图片，内容呈现渠道比较单一，相对于电视的声形兼备来说，显得过于静态和枯燥，倘若信息量相同，受众更愿意选择声像俱佳的电视传媒。

（3）时效性偏弱，传播不够广泛

与手抄时期的传播相比，印刷报纸突破了时空限制，能够在较短时间内把大量的信息传播到千家万户。但广播电台、电视台、互联网更加迅捷，现场直播、实况播映等方式可以使受众在第一时间清晰地感受到来自世界各地的重大新闻事件。相比之下，报纸受到工作程序的影响，不可能实现现场直播，因此在时效性和传播范围上的优势并不明显。

（4）容量稍显不足

报纸的容量很大，但是要受版面空间的限制。

（5）与网络相比，互动性不够强

报纸和读者之间的联系，可以通过读者来信、读者座谈等形式实现，报社编辑部一般通过这些形式来接受反馈信息，以便更好地调整自己的版面和报道内容，但这种方式耗时长久，而且效果不是很好。尤其与双向互动性非常强的网络媒介相比，报纸传受双方的互动性并不强。

（二）报纸的分类

根据不同的分类方式，报纸可以分为不同的类型，下面介绍几种基本的分类：

1.按报纸所属区域范围划分

按报纸所属区域范围划分，可以分为三类，即全国性报纸、省级报纸、地市级报纸。

2.按报纸传播信息领域划分

按报纸传播信息领域划分，可以分为很多种，常见的有以下几种：

（1）时政类报纸，是指报道国内外时事政治和世界各国政治局势发展动态的报纸，如《人民日报》《环球时报》等。

（2）经济类报纸，是指报道国内外经济发展动态，经济领域新情况、新现象和新问题的报纸，如《经济日报》《21 世纪经济报道》《第一财经日报》等。

（3）娱乐类报纸，是指报道国内外娱乐活动、明星动态等信息的报纸，如《中国电影报》《舞台与银幕》等。

（4）法制类报纸，是指报道法制发展变化情况和问题的报纸，如《法治日报》等。

（5）体育类报纸，是指报道国内外体坛盛会、体育界发展动态的报纸，如《体坛周报》《足球报》等。

（6）生活服务类报纸，是指以人民群众日常生活中的衣、食、住、行等需求为报道对象，从而提高人们物质和精神文化生活水平的报纸，如《美食导报》《精品购物指南》《房地产时报》等。

3.按办报方针划分

按办报方针划分，可以分为以下三类：

（1）党报，是党和政府指导各项工作的重要舆论工具，旨在教育群众、引导社会舆论和维护政府权威及其良好形象，是党和政府系统的有机组成部分，如《人民日报》《解放日报》《新华日报》《大众日报》等。

（2）都市类报纸，是指对都市和城市中新近发生的事实进行报道的报纸，如《扬子晚报》《新民晚报》《新京报》等。

（3）专业性报纸，是指对专业领域、行业内部新近发生的事实进行报道的报纸，这类报纸往往针对性较强，如《农民日报》《工人日报》《中国电力报》等。

（三）报纸的功能

1.传播信息，沟通情况

报纸传播的基本目的就是传播信息，沟通情况，把新近发生的事实以最迅速的方式告诉给读者，让读者能及时地了解客观世界的变化和发展。针对社会上存在的新问题、新情况、新现象，报纸不仅要对表象进行反映，还要通过解释性报道、调查性报告等形式，透过现象挖掘潜藏着的事实的本质。

报纸不仅可以通过刊载新闻的方式来传递信息、沟通情况，还可以通过评论的方式透露一些新信息，如党和政府的新指示和新精神等。读者也可以通过报纸开设的评论专栏发表意见，这有利于让各种观点都能够得到很好的交流和沟通。

2.进行宣传，引导舆论

报纸具有非常强大的宣传作用，它通过信息传播，使读者了解现阶段党和政府的路线、方针、政策和基本决策，引导读者往正确的方向前进；使读者认识到国家政治和经济的发展现状、努力的目标及社会理想，团结全国各族人民，为实现共同目标而努力奋斗；使读者认识到国家的民族政策和宗教政策，促进读者建立社会主义荣辱观，维护社会治安，保障国家的安定团结；使读者树立正确的世界观、人生观和价值观，端正言行，做到自律和他律，从而将物质文明和精神文明相结合。

要发挥报纸的宣传作用，就要通过反映、影响和引导舆论来实现。舆论学创始人李普曼认为"舆论是公众或许多人对他们共同关心或感兴趣的问题（或事件）公开发表出来的意见"。报纸可以通过加大报道力度，使更多的人关注某一新闻事件的发展动态，起到议程设置的作用，从而形成新的舆论，对读者的思想和行为产生影响。除了引导舆论，舆论监督也必不可少，报纸能够对政府施政、个人言行或其他社会现象进行监督，有利于维护社会安定和公共秩序。

3.传播知识，提供教育

与电子媒介相比，报纸更加突出思想性。报纸最大的好处，就是它能够反映丰富多彩的每日事件，能够使人民和人民的报刊发生不断的、生动活泼的联系。报纸上的新闻信息既包括全世界各领域、各行业的最新情况和最新成果，也包括人们日常工作和生活中各个方面的变化。读者在阅读过程中的收获很多都是学校教育没有的，而且报纸含有的信息量要比教科书丰富得多。由于报纸面对的读者教育水平参差不齐，所以在传递信息时，要尽量使用大众化和通俗化的语言表达方式，以便使广大读者能清晰且准确地理解新闻信息的内容。

4.提供娱乐，陶冶情操

随着生活水平的提高，人们对报纸的服务性和娱乐性有了新的需求。报纸的专刊和副刊承担着服务和娱乐的主要任务。在报纸上刊登的漫画、连载小说、生活休闲类和娱乐新闻等，都能让读者感到轻松和愉悦。现在针对日常生活的报道也越来越多，如休闲娱乐、购物旅游、居室装修、卫生保健、服饰化妆、烹饪美食等报道，同时还包括大量生活消费方面的热点、时尚等，这些服务性的报道既有利于提高人们的生活质量，还有利于丰富全民的精神生活。

5.刊登广告，获得利润

报纸的主要经济来源是广告，刊登广告有利于实现报纸、广告商和消费者的"三赢"。报纸通过刊登广告收取广告费，从而获得经济收益；消费者通过接受广告信息形成消费行为，满足了自己的购物需求；广告商通过刊登广告，可以让消费者在最短的时间内接触产品，提高购买率，而且报纸的传播范围广，有利于提高广告商产品的宣传力度。需要注意的是，报纸在刊登广告时要注意社会效益和经济效益的统一，要对广告严格把关，防止不良广告进入流通渠道，影响消费市场。

四、融媒体时代的纸质媒介

传统报纸的劣势有：排版、印刷等环节时间长，新闻传播的时效性较差；新闻信息只能通过文字、图片等静态符号来展现，现场感、生动性不够；互动性表现出间接、延时的特点。互联网显然可以弥补传统报纸的弱势，这就需要报纸媒体树立开放的心态，积极与互联网展开合作，借助网络力量，提升传播能力。

（一）报网互动

"报网互动"是近几年媒介领域颇为流行的一个词。报网互动是指报纸与网络发挥各自的优势，展开多层面的合作与互动。报纸建立自己的网站，依托网络平台，优化新闻报道流程，这是报网互动的前提。报网互动主要有四个层次：第一个层次是纯技术层面的互动，即报纸利用网络平台发布信息，这也是最为初级的报网互动。第二个层次是内容层面的互动，即新闻生产环节的互动，这是报网互动当中最核心的内容。第三个层次是发行、广告层面的互动。第四个层次是品牌层面的互动，包括大型媒体活动中的报网互动，以及媒体品牌传播、体制创新中的报网互动，这是建立在前面三个层次的基础之上的。

（二）全媒体再造

网络技术和新媒体的发展使媒介呈现融合的趋势。不少传统媒介在转型的过程中，提出了"全媒体"的概念。全媒体，即突破媒介界限，是建立在整合和融合基础之上的，能综合运用多种表现形式进行新闻传播的综合性媒介平台。从其内涵来讲，全媒体不仅仅是指人们直接能感受到的传播内容的多媒体表现，还应该包括全媒体观念、全媒体采编、全媒体经营等内容。

就报纸媒体而言，全媒体战略就是打破传播介质和表现形态的束缚，利用互联网、移动终端等新媒体技术，改变原有的单一纸质媒介传播方式，将新闻传播延伸至其他载体，建立组合式的、跨媒体的内容发布平台。

在全媒体理念下，报纸记者不再只是文字记者或摄影记者，而是全媒体记者，即能熟练使用多种采访工具、采用多种报道方式来完成报道的记者。

全媒体的新闻制作方式，必然要求媒介组织先建立新的新闻采编流程来采集新闻素材，再根据不同受众的接受特点进行加工，制成不同的新闻产品，最后通过不同的传播渠道（媒体）传播给受众。

第二节　电子媒介与新闻传播

新闻传播的电子媒介包括广播和电视，电子媒介与纸质媒介一起构成了传统媒介。与纸质媒介相比，电子媒介突破了时间和空间上的限制，可以把信息及时地传送到四面八方，使新闻具有了现场感和感染力。随着新媒介的出现与快速发展，电子媒介受到了较大的冲击，但同时也为电子媒介的新发展提供了机遇。下面将对电子媒介的演进、广播与新闻传播、电视与新闻传播、融媒体时代的电子媒介进行具体阐述。

一、电子媒介的演进

（一）广播的发展

1920 年 11 月 2 日，由美国匹兹堡西屋电气公司开办的 KD-KA 电台正式开播，这是世界上第一个有正式营业执照的广播电台，以新闻节目为主，对美国总统候选人哈定和考克斯的竞选播报，使其名声大振。之后，法国和苏联分别于 1921 年和 1929 年建立了自己的广播电台。随着电台的日益增多，为了协调国际电波使用秩序，1925 年在日内瓦成立了国际广播联盟。1927 年 10 月，国际广播联盟在华盛顿召开了世界广播大会，决定把全世界的广播地域分成 15 个波长带，并制定频率分配表，使各国电台广播不会相互干扰。广播出现后，迅速在世界各国发展起来，不仅数量快速增加，节目类型也越来越多，内容不断丰富。

（二）电视的诞生

电视是通过无线电波或导线传输声音和图像的大众传播媒介，电视的产生与发展同样得益于电子技术的进步。随着时代的发展，电视从内容到形式都发生了变革，无线传输技术使人们可以跨越时空看到从遥远的地方传来的图像，三维动画技术使电视画面更加丰富和生动，数字化的设备使电视图像更加清晰，可以说，电视媒介发展的每一步都离不开科技的探索与演变。

20 世纪 50 年代后，电视技术有了突飞猛进的发展。科学家相继突破了光学、色变学和信息传输理论等一系列难题，制造出了彩色摄影管和彩色显像管。1951 年，美国哥伦比亚广播公司（CSB）和美国广播公司（ABC）分别试播了彩色电视节目，美国因此成为世界上第一个播出彩色电视节目的国家。随后，世界各国都进行了自己的电视技术研究，并出现了 NTSC、PAL、SECAM 制式，我国的电视采用的是 PAL 制。

二、广播与新闻传播

（一）广播的优势

1.传播快捷，时效性强

（1）广播以电波为载体，电波的速度为每秒 30 万千米，相当于绕地球七圈半，传播到收听的时间差几乎等于零。

（2）广播开创之初，以娱乐、商业广告为主。直到 20 世纪 30 年代，由于人们急于获知战争情况，广播的快捷特点正好满足了人们先知先觉的需求，于是广播新闻得到了空前的重视。

（3）广播新闻制作手续简单，可以免去报纸排版、印刷、折叠、运输等多项工序，从而加快了新闻的流通速度，加大了新闻节目的容量，加速了新闻的时效。

（4）广播新闻的"滚动式"传播使其"快"的优势得到了充分发挥。

对正在发生的新闻事件采用现场直接广播，是新闻报道中最快的形式，被称为同步广播。同步广播的特征是新闻事件的发展变化与新闻节目报道、播出同时进行。一件引人注目的新闻事件，一个重要的大会，一次盛大的活动，一场精彩的球赛……通过电台的转播，可以使千里之外的人们如同在那个空间内。

就总体而言，现在电子新闻传媒报道的时效性要高于印刷媒介，而在电子媒介中广播又快于电视，这是广播的最大优势。因此，在事实无误、观点正确的前提下，广播电台要争取做到"先声夺人、贵在神速、分秒必争、以快取胜"。

2.覆盖广泛，渗透力强

这是广播电声特点派生出来的优势。广播用电波作为载体，现在更与人造地球卫星相结合，其电波几乎可以笼罩全球，大部分人口都能成为它的传播对象。具体来说，广播传播的广泛性体现在以下几方面：

（1）广播传播容易接受

广播使用有声语言传播信息，受众不受文化水平的限制。广播是面向全体人民的，从学龄前儿童到年逾古稀的老人，从目不识丁的人到教授，只要具备听觉能力，都可以成为广播的传播对象。

（2）广播可以超越国界

不少国家在开展对外宣传时，首选的新闻传播媒介就是广播，因为它能运用电波、卫星、多种语言同时传播新闻信息和思想观念，是国际外交宣传乃至对敌人进行威吓的强有力工具。与此同时，国际广播也成了各国人民之间加强沟通与交流、促进相互了解的友谊使者。广播的广泛性是其他传媒难以做到的。

（3）收听限制少

广播覆盖广阔，无论高山海洋、平原沙漠，还是城市乡村、居室内外、田间地头，广播都能到达。特别是在发生地震等自然灾害的区域，当交通不便、接收电视信号困难时，广播具有其他媒介难以企及的优势。

（4）广播具有伴随性特点

广播在传播的过程中只需调动人们的听觉器官，所以人们在听广播的同时还可以从事其他活动，比较典型的是城市交通广播和音乐广播，收听对象主要是司机。广播可以让旅途不再单调，即使堵车也不会难以忍受。此外，一些老年人也喜欢在晨练的时候收听广播，接收信息。这种伴随性的特征是广播特有的，既能提高人们的时间利用率，又能在不知不觉中让信息被听众接收，实现其传播效果。通过广播制作技术的特点，可以实现较强的互动性，听众可以直接打电话与播音员进行交流，就某个问题发表自己的观点，这也是对电子媒介的强势传播者地位的一个突破。

（5）广播信息容量大

广播新闻 1 分钟大约播出 240 个字，一条消息一般在 1 分钟左右，短小精悍，概括性强，信息集中，要点突出，言简意赅，内容丰富，播出时间长、波段多、频道多，可供听众自由选择、各取所需。

3.声情并茂，感染力强

报纸传播信息主要依靠文字符号（兼有静止照片或图画）。尽管文字符号也作用于人的视觉器官，但它不是直接的形象。文字符号主要通过阅读转换成有声语言，人们经过联想才能获得事物的形象，从而深刻理解事物。

广播是唯一诉诸听觉而非视觉的大众传播媒介，传播信息的载体只有声音符号，包括各种音响及有声语言。声音符号作用于人的听觉器官，人们可以通过音响和有声语言比较直接地理解传播的内容。它可以省掉文字符号转换成语言符号的这道"工序"，传播起来比较直接。俗话说："闻其声如见其人。"这说明声音具有很大的传真性，它比文字的表现力更直接、传神。声音具有丰富的形象性，可以表达人们各种情感和气氛，如喜、怒、哀、乐、惊恐、无畏、紧张、轻松、诚恳、虚伪、粗暴、亲切、踏实、轻浮、爽朗、忧郁、热烈、沉闷等。声音的传真性，使听其声如见其人，听其声如临其境。

声音的不同处理和运用也可以表达出许多平面文字无法传递的信息。比如，播音员或节目主持人饱含情感地传播信息，通过对噪音、语音、语调、语速、停顿、轻重等的变化处理，使其感染力和鼓动性比平面文字要强。

4.手段多样，参与性强

广播是传播声音符号的，而声音符号的生产较之于图像符号和文字符号要简单容易。广播可以借助手机、网络等新技术平台完成声音符号的生产，并形成多样化的传播形式，如开通热线电话，推出实时播报，为听众直接参与广播创造机会，使广播在一定程度上可以体现出一对一的人际传播亲和力，传、受双方在互动中可以实现同步交流、共同分享。

（二）广播的局限性

1.线性传播，选择性差

音频信号是瞬时连续传播，不宜选择接收，这是广播新闻与生俱来的时序性特质。报纸版面展现在读者面前，一目了然，在一定的时间内可以浏览大略，选择重要的或者需要的来读；但广播却是按时间顺序播出的，听众只能按时间顺序一个节目接一个节目地听，往往会出现当时想听的内容没有，而不想听的内容却在播出的情况。因此，人们往往说报纸是个"面"，广播是条"线"，在收音机前，有时听众会感到被限制，缺乏选择的自由，处于被动地位。

2.转瞬即逝，保留性差

声音不是实体，需要由电波携带，这样它可以飞越高山大海，把信息送到受众的耳边，但受众只能听，不能看到或触摸到它。正因为非实体传播，广播才能不受空间和其他传递条件的限制，高速度、远距离地传播新闻信息，为传、受双方提供了很大的方便，但它也带来了很多遗憾，如只能即时收听、不易保存、不能倒检索，因此也不利于再传播。

文字传播的信息，如果一时没有看清楚、没有看懂、记不住，可以停下来反复读、仔细琢磨，也可以留下来当作资料，有时间再看。但广播却是一播而过，第一时间没听清、没听懂、没理解、没记住，也只好作罢。遇到人名、地名或其他专有名词时不易听懂，遇到同音或谐音字时又易误解和听错。

（三）广播传播新闻的发展趋势

广播原是 20 世纪上半叶现代高新技术的产物，诞生之初曾引起世界轰动，迅速拥有了庞大的听众群体，其在人们心中的地位大有取代报纸之势。进入 21 世纪后，在全球化趋势日渐加深，媒介竞争日趋激烈，受众要求越来越高的形势下，广播作为人类社会最早出现的电子媒介，一方面，受到电视、互联网等传媒的强烈冲击，其影响力正在逐渐减弱；另一方面，世界政治、经济、文化等事业的不断发展，尤其是科技事业的快速进步，为广播的可持续发展带来了机遇和物质基础。广播因此也受到人们的极度关注。

1.内容本土化

全球化逐步扩大，带来的是"地球村"式的信息共享，人们比以往更容易接触外部的信息。广播作为一种收听方便、信息传递快、对受众文化水平要求较低的媒介，在及时发布本地新闻讯息方面具有其他媒介无法比拟的优势。随着社会信息化程度的不断加深，广播会发挥其媒介优势，因为它能及时、准确地向受众提供当地新闻资讯、法规政策、交通路况、商品贸易、气象服务等信息，并发挥重大作用。

2.受众个性化

未来受众的需求会逐渐多样化、个性化，他们希望以一种更加简便、快捷的方式获取与自己兴趣爱好相符合的信息。未来广播的受众划分并不以年龄为标准，而是细分到一般节目类型下的某些更细微的类别，如此，听众会根据喜好和实际需求各取所需。电台频率同样细分到如专门提供交通新闻、财经新闻、气象预报、娱乐新闻等的专业频率。

在节目类型细化的基础上，未来广播还能为听众提供更加个性化的服务。听众可以根据自己的喜好选择特制的节目内容，依照自己的现实需求获取最新的实时资讯，实现一对一的传播，这是一种受众主动选择的过程。数字化音频技术的发展和通信技术的逐步完善已经为这种个性化服务的实现提供了途径。

3.途径多元化

数字音频技术可以将广播节目放在网上，受众可以挑选自己想收听的节目，这改变了传统广播节目的易逝性和接收方式的单一性，使新闻传播的方式更为灵活。另外，数字音频技术的不断发展还可以实现"广播博客"的服务项目，通过数字交流平台，任何人都可以将自己的"电台"节目传递给其他受众。未来的广播媒体将是一个大型的信息库，它通过各种途径向外传播信息，同时它也是一个信息交流平台。

从世界新闻传播媒介的发展历史角度看，任何传媒的存在和繁荣都有其合理性、必然性。广播的优势是电子媒介固有的特性派生而来的，它为广播在媒介发展进程中拥有自己的优势地位奠定了基础。但同时派生而来的还有不可避免的弱点，这一弱点使广播在与后来新兴传媒的竞争中处于弱势地位，并受到威胁。在受众要求越来越高的今天，对于广播来说，机遇与挑战并存。如何抓住机遇、迎接挑战、战胜困境是广播媒介研究者、经营管理者和节目制作人共同关注的课题。为了生存和发展，他们正在不断利用人类创造的科技文明，弥补广播的弱项，通过加强与其他传播媒介的融合，在创造传播新形态、发掘传播新特点等方面不断挖掘自身潜力，开拓广播的新天地。

三、电视与新闻传播

"电视"这个词来自英文"television"，而英文中的"television"一词来自希腊语，是"tele"（远处）和"vision"（景象）两个部分的结合。这个单词非常形象且有前瞻性地表达了电视的技术本质：电视，正是一种将声音、文字、图像等信息转变成某种信号（电子或数字），通过有线或无线的方式进行远距离传播，供大量观众收看的传播媒介。

（一）电视媒介的优势

1.感性化

感性化，指电视是一种直接诉诸人类感觉器官并借此通达于人类心理情感的传播方式。电视媒介以声像一体的符号为基本传播元素，这种原生态的符号具有整体化和全息性的特征，直接与人类器官的视听双通道相对应，并通过对人类视觉和听觉的反复冲击，产生一种综合性的感觉联动和统一的感知效果，因此电视媒介具有感性化的传播特征。

传播学研究表明：阅读文字，人能记住其中 10%的内容；收听声音，能记住 20%；观看图画，能记住 30%；视听合一，能记住 50%。电视新闻集视、听、读于一体，自然可以取得其他媒介无法企及的新闻传播效果。如果说印刷媒介给读者带来的是视觉的抽象，并引发他们理性的思考，那电视媒介给观众带来的就是感官的直陈，进而引发他们情绪上的感染。

电视虽然作为感性化的传播形态，但并不意味着其传播的新闻肤浅、无深度。电视可以借助感性化的传播方式穿过新闻事件的表面，从而进入到人类的内心深处，引起观众心理情感的激发和共鸣。然而，在当前大量的日常传播实践中，电视新闻并不能真正成为感性化的形态，而是冷冰冰的、呆板僵化的形式。其中，既有人们新闻观念方面的原因，也有对电视媒介的理解和运用上的问题。因此，如何充分发挥电视传播的感性化特征，将是人们更新电视新闻观念、改进电视新闻业务的重要任务。

2.即时化

即时化，是指电视同广播一样，在电子媒介技术的支持下，实现了即时、同步地采录和传递新闻信息内容，最终消除了人与人之间的物理时空差距，使信息源与所有的信息终端零距离，其典型的传播形态就是人们通常所说的现场直播。20 世纪 80 年代前，电视新闻的时效性往往不及广播。受技术因素制约，电视新闻的采录和传递，一般都是处于差时或延时的状态，一般称之为录播。此后，电视采用新闻直播、整点新闻播放、滚动播出、随时插播等形式，实现了电视新闻传播的即时化。

（二）电视媒介的局限性

与广播一样，传统电视也存在线性传播、选择性差、转瞬即逝、保存性差等劣势。除此之外，电视还有其他弱点和局限性，如在材料的运用上容易被时间和空间限制，具体表现在两个方面：其一，人物的内心活动和事物的内在规律难以用画面表示，许多背景材料，电视画面也难以展示；其二，许多新闻事件发生之后，虽然记者急忙赶到现场，但已经时过境迁，无法拍摄，即使现场拍摄，有的精彩场面稍纵即逝，抓拍不到就无法再现，而且拍摄就意味着选择，选择哪些场景，用什么景别、角度，都带有记者的主观性。作为电视记者，应该努力克服和消除这些局限性可能造成的传播障碍，从而使电视的优势得到更加充分的发挥，使电视真正成为观众获取新闻信息、洞悉外部世界的"窗口"。

（三）电视新闻传播的发展趋势

如果说声像一体的感性化与传播时效的即时化是传统电视区别于其他媒介的传播特征，那么在数字化技术日益成熟的今天，电视新闻的传播手段将呈现出多媒体化的发展趋势。多媒体化，指在数字化平台上，文字、语音、图像都可以转换成数字信号，使各种媒体功能可以相互兼容，单一的媒介将逐渐被多媒体取代。从技术发展历程角度看，媒介形态的演变是依次递进、独立发展的。在未来的信息系统中，电视媒介将从信息接收的终端转化成信息传输网络的中枢，成为多媒体的一种呈现方式。电视机的界面既是计算机的界面，又是报纸、广播的界面，还可能是人机对话的界面，通过它，人们可以接收各种视频、音频或是文本形式的新闻、娱乐内容，查阅图书、资料，还可以和任何其他地方联系，享受电子商务、数据下载、视频点播、电话、传真等多样化的服务。就目前而言，跨媒体运作，如以电视为基础的传播平台，综合利用报纸、广播、互联网的独特优势对新闻事件展开综合立体式的报道，已经在媒介传播实践中得到广泛运用。同时，新的传播方式和媒介形态，如数字电视、移动电视、宽频电视、互动电视、手机电视、卫星电视和分众电视等，已经出现并逐步投入到传播实践中。

四、融媒体时代的电子媒介

广播电视的缺点主要是线性传播，播出的内容转瞬即逝，很难回放和保存。借助互联网，广播电视可以完全克服自身的弊端，为受众提供多样化的选择。广播电视利用互联网改造自身新闻业务，使传播形式多样化，提升新闻传播影响力，其路径与报纸媒体是类似的。

（一）实现节目的在线收听（看）和按需点播

利用网络音视频技术，在网络平台上实现节目的在线收听（看），满足受众在不同场合的视听需求。网站可通过建立节目库的方式，将节目内容按时间、栏目、主题等分类上传至网站，方便受众检索，按需点播。

（二）建立主持人视频账户

主持人是广播电视媒体的一项重要资源。很多受众对节目的关注往往是因为某位主持人散发的独特魅力。在传统的广播电视媒体中，人们看到、听到的只是主持人台前的形象或声音，无法获知主持背后的故事及主持人更立体、真实的形象，而主持人在播出节目时面向的也是"心目中"的受众，并不能准确地把握受众的想法。视频账户无疑是拉近主持人与受众的重要渠道。主持人在视频中讲述自己的工作、生活，与受众分享思想观点，实现与受众的互动。受众也可以在视频中留言，提出他们的期望、建议和想法。

（三）强化文字的传播作用

在传统广播电视媒体中，人们主要通过声音、画面、解说来获取信息，文字的传播力是较弱的。利用互联网，广播电视媒体可以将节目文稿上传至页面，供有需要的受众参考。有的广播媒体网站还推出了电子杂志，体现了全媒体的理念。

第三节　新媒介与新闻传播

网络技术给新闻传播事业带来了革命性的变化，层出不穷的新媒介深刻地改变了新闻传播的格局和面貌。新媒介的各种优势诸如可搜索性和互动性，是传统媒体不具备的。在融媒体时代，新媒介与传统媒介要共同发展。

一、互联网与新闻传播

互联网，是一种把众多计算机网络联系在一起的国际性网络，也是计算机技术、信息技术与通信技术相互融合的产物。互联网是当代世界上规模最大的超远距离信息传送网络，被人们视为自报刊发明以来的一项无与伦比的创举，是信息生产、传播及交换领域的一场革命。

（一）互联网的发展

互联网的英文是"Internet"，在中国一般译为"因特网"或"互联网"。网络媒介，就是借助国际互联网这个信息传播平台，以电脑、电视机和移动电话等为终端，通过文字、声音、图像等形式来传播新闻信息的一种数字化、多媒体的传播媒介。

互联网的成熟是 TCP/IP 协议的开发和使用的结果。TCP/IP 是一种通信协议，TCP 及 IP 的中文意义分别是"传输控制协议"和"网际协议"。这两个协议定义了一种在电脑网络间传送报文（文件或命令）的方法。1972 年，全世界电脑业和通信业的专家学者在美国华盛顿举行了第一届国际计算机通信会议，就在不同的计算机网络之间进行通信达成协议。同年 9 月，在英国伯明翰召开的会议上提出了 Internet 的基本概念。

（二）互联网的新闻传播特点

1.大容量

网络容量之大，是其他媒介无法企及的。网络新闻最突出的特征就是信息储存与转运的能力超过了所有传统媒体。基于互联网超链接的方式，使网络新闻具有无限扩展和丰富的可能性。在越来越多的媒体通过创办网站来发布新闻信息的同时，一部分个体和社会组织也越来越多地在网上发布新闻信息，这不仅使新闻信息的总量急剧增加，而且由于不同的新闻传播主体的传播目的和传播内容不同，所以对固有的新闻机构的传播起到了补充和丰富的作用。

2.高速度

在传统媒体中，报纸的出版周期常以天甚至周计算，电视、广播的周期以天或小时计算，而网络新闻的更新周期却是以分钟甚至秒来计算的。尤其在对突发事件的报道中，网络新闻的时效性更为突出。在传统媒体中，广播通过无线电波，电视通过通信卫星，也常常能够做到快速报道新闻事件，缩短报道时间与事件发生时间的差距，甚至可以进行同步直播，但是其传播过程往往要面对非传播主体所能控制的技术性障碍，譬如信号中断、电波干扰等。而网络新闻的传播是在互联网络的构架内，网络对各种外在影响和障碍的超越与克服能力大大加强。

3.立体性

第一，网络新闻集报纸、广播、电视三者之长于一体，是兼具数据、文本、图形、图像、声音的超文本、多媒体结构，实现了文字、图片、声音、图像等报道手段的有机结合，因此新闻报道是立体的、网状的、多维的，有声有色、图文并茂、亦动亦静。报道同一新闻事件，报纸用文字和图片，广播用声音，电视主要用图像，而网络新闻三者皆用，它融合了纸质新闻、广播新闻和电视新闻的报道手段，使受众在网上同时拥有读报纸、听广播、看电视的诸多乐趣。

第二，网络新闻传播围绕一件事情往往会形成核心新闻信息，同时通过相关链接的方式提供相关报道和相关资料背景。因此，新闻接收者可以了解到一个事件的不同侧面和深层背景。

4.互动性

传统媒体的新闻由受到专门训练的记者、编辑或制作人，在受众遥不可及的编辑室或新闻中心，单方面地决定值得报道的内容，接收者只能被动地等待于固定时间送达或播出的新闻，如果有意见，也只能事后表达。而网络新闻则可以实现传播者和接收者之间的双向互动传播。例如，现在很多新闻网站均在每则新闻之后设置"发表评论"的链接，给公众提供一个批评和评论的场所。这不仅使得传播者能够及时了解受众的反馈，而且使受众能够直接参与新闻报道，对传播内容进行纠正或补充；不仅促进了媒体与受众之间的沟通，还实现了受众对受众的传播，传受双方的积极性、主动性也因此得到了有效调动。

5.选择性

与传统媒体相比，网络新闻更具有选择性。其一，网络新闻编辑不是将新闻信息"推"给受众，而是由受众"拉"出自己想要的新闻信息。新闻传播的接收者可以根据自己的喜好，通过网络搜寻自己喜欢的新闻信息源、新闻信息内容、新闻信息表现形式。新闻网站将海量信息分门别类地加以整合，并且提供定制"个性化新闻"的服务，根据用户的需求向其发送经过选择的个性化新闻。其二，网络上的新闻传播还具有过刊查询和资料检索等功能，突破了查询新闻内容在时间上的限制，受众在网上可以随时按日期查看一家网络媒体的旧闻，也可以很方便地输入关键词进行资料检索。其三，网络上的新闻传播，既可以在短时间内实现新闻信息的广泛传播，又便于受众下载新闻信息，存储、加工、利用新闻信息，以进行深入的研究和探索。

6.可搜索性

网络信息数字化的特点，使对网络新闻进行快捷检索成为可能。目前，功能强大的互联网搜索引擎可以在不到 1 秒的时间里，按照网民给出的搜索关键词找到对应信息。一些大型的互联网站点、图书馆、数据库也都为用户准备了内部搜索引擎，最大限度地节约用户在搜索信息上花费的时间。而在电脑和互联网出现之前，无论是寻找报纸、杂志，还是广播、电视的资料，用户都不得不硬着头皮在庞大的馆藏室里用眼睛做着最原始的检索工作，这是一个漫长且疲惫的过程。

7.易复制性和易保存性

网络信息的最大优势之一就是容易复制。"世界上没有完全相同的两片树叶"之类的说法在数字世界里是可笑的，只要先有一片树叶，数字技术就可以在瞬间制造出其无数个孪生兄弟，而且它们完全一模一样。我们可以把网络新闻看作这样的树叶，这就不难想象为何网络新闻会流传得如此快、如此广泛了。易复制带来的另一个好处就是易保存，因为保存无非就是把信息从网络复制到自己的硬盘里。

8.公平性

网络新闻是借助互联网传播的，在互联网上，信息传输的速度和成本与所在的物理位置几乎毫无关联。网络新闻的上述特点使其以无可比拟的优势成为新闻传播活动的新领域。在充分认识网络新闻优势的同时，对网络新闻传播的弱点和缺陷也不能视而不见，如网络新闻的可信度和有效度等问题。网络的开放性和自由度带来了信息民主局面的同时，也为恶意传播虚假新闻信息打开了方便之门，以致互联网上的新闻信息可信度大打折扣。与此相联系的是，大量"信息垃圾"的存在淹没了真正有用的信息，降低了人们在网上搜寻有用信息的效率。在传播内容上，网络媒体之间、网络媒体与传统媒体之间的相互抄袭、复制现象严重，出现了同质信息过多的局面，同时也带来了对原创新闻信息的知识产权和劳动价值的漠视与侵害；在信息管理上，由于管理的成本过高，技术难度过大，网络新闻的有序局面尚未建立。还有网络传播技术和基础设施方面诸如"带宽瓶颈"之类等问题，这些弱点和缺陷制约着网络新闻传播。

二、手机与新闻传播

互联网技术革新的同时，现代通信技术尤其是移动通信技术也得到了飞速的发展。手机日益普及，功能越来越全面、越来越强大，智能化是现代手机演进的方向。手机已经从一个单纯的通信工具变成了集便携通话、娱乐、传播于一体的新型信息化终端，并在与互联网结合的过程中表现出了前所未有的优势。手机可以被看作继报刊、广播、电视、互联网之后的第五媒介。

（一）手机媒介的发展

随着信息化、网络化技术的不断发展，继报纸、广播、电视、互联网之后，一种新型的媒介形式——手机媒介出现了，这是一种以手机为视听终端、手机上网为平台的个性化信息传播载体。手机媒介以分众为传播目标，以定向为传播效果，因此也被称为"移动网络媒介"。手机又称"移动电话"，是通过接收和发射无线信号来实现通话的一种通信工具。手机的发明改变了人们对固定电话的依赖，方便了人际交流。随着数字技术的发展，这个最初用于移动通话的通信工具，具有了一些特殊的功能。比如，人们在手机上可以玩游戏、听音乐、看电影。同时，手机的信息载体功能也日益增强，当手机开始提供收发短信、彩信、上网功能之后，特别是手机开始接收、储存和转发专业组织发送的新闻时，手机便具有了大众传播媒介的特征。

（二）手机的新闻传播特点

1.时效性强

手机的传播非常迅速，受众接受新闻不再受到时间与空间的束缚。现在，不仅是手机短信，很多大众传播媒介还借助 APP 来发布即时信息，比较常用的就是微博和微信的订阅推送，这是在发行周期之外进行补充传播的手段之一。

2.便携灵活

手机与电脑相比，优点是便携小巧，与受众的关联度高，无论是在公共交通工具上，还是在排队等候，手机几乎成了人们利用率最高的现代化通信工具。有一句笑话说，"真正的朋友，就是一起吃饭时不看手机"。可见，手机在人们的生活中扮演着非常重要的角色。在这种情况下，以手机为媒介进行信息传播，到达率是非常高的，传播效果也是非常好的。

3.个性化传播

手机媒介具有极强的个人属性，因为这是人们日常生活中使用率极高的现代化通信工具，难免会带有个人色彩。从信息传播的角度，主要表现为选择性关注和选择性订阅。对体育感兴趣的人，可以通过手机客户端关注体育媒体，或者订阅体育新闻；对经济感兴趣的人，亦可以专门订阅经济类的内容。在手机时代，每个人接收的信息都是不同的，细分化的市场为手机媒介提供了更大的发展空间。

4.互动传播

通过手机进行的传播，往往包含了大众传播、群体传播与人际传播。在大众传播中，通过手机，传者和受众之间可以实现良好的互动，如在媒体官方微博上留言；在群体传播中，网络或手机联系起来的群体要依靠互动维系，如群发短信讨论事情或者利用手机客户端在聊天群中进行信息互动；在人际传播中，手机的互动性更加明显，无论是通话还是发送短信，其实质都是人与人之间的互动沟通。这三种传播方式的结合，能提升信息源的影响力。

三、不断扩展的媒介

在媒介研究大师马歇尔·麦克卢汉笔下，"媒介是人体的延伸"，媒介可以是万物，万物皆可以是媒介，所有媒介均可以同人体器官发生某种联系。在融媒体时代，媒介定义的外延必然会更加宽泛，"媒介就是渠道"，所有能将传受双方互联互通，并承载信息、意义与文化的介质都可以被看作媒介。融媒体时代的创新，首先是理念上的创新，比如对于"媒介"的理解。随着新生事物的加入，其外延将更加宽泛。

第四章 融媒体视域下各类新闻的传播

第一节 融媒体视域下的民生新闻

民生新闻是指关注老百姓生活问题的新闻。"在现代社会中，民生和民主、民权相互倚重，而民生之本，也由原来的生产、生活资料，上升为生活形态、文化模式、市民精神等既有物质需求又有精神特征的整体样态。"市民阶层开始争取自身的话语权，因此"民生"与传播媒介的结合就变得势在必行，"民生新闻"这一概念也应运而生。现在这个社会对民生的关注是一个很大的趋势，因此民生新闻的比重也会越来越高，关注民生方面的新闻也会越来越重要。近几十年，以互联网为代表的新媒体从诞生到逐步发展壮大，而我国的民生新闻恰巧是伴随着新媒体的崛起而发展的。1993年，央视《东方时空》的子栏目《生活空间》提出了"讲述老百姓自己的故事"的口号，被认为是电视民生新闻的雏形。

2002年，江苏省广播电视总台城市频道播出的《零距离》，开启了民生新闻节目的先河。随后，各省市开始兴办民生新闻节目，并得到了业界的广泛认同，成为各省级地面频道发展壮大的核心竞争力，先后成就了湖南电视台的《都市1时间》、重庆电视台的《天天630》、安徽电视台的《第一时间》、山东电视台的《民生直通车》、杭州电视台的《阿六头说新闻》等品牌栏目，其繁荣之势也引发了学界的广泛关注。民生新闻虽为研究热点，但其学术深度和广度仍需深入推进。

一、融媒体视域下民生新闻的传播优势

民生新闻在过去的几十年间，得到了传者与受众的双重厚爱，但同时也带来了节目平庸化、娱乐化、琐碎化、同质化等问题。尤其是随着智能手机的普及和用户习惯的改变，新媒体对民生新闻乃至新闻业的改变是革命性的、本质的，民生新闻何去何从等问题受到了学界和业界的共同关注。总体而言，学界多数研究者对民生新闻的前景持乐观态度。下文将从潜动力、现实力、原动力三个层面，对新媒体视域下民生新闻的传播优势进行解读。

（一）民生新闻开拓的传播新模式，适应新媒体的传播新格局，具备发展的潜动力

对于我国新闻界，民生新闻带来的改变是巨大的。从深层意义来说，民生新闻开拓了"开放、参与、互动"的传播新模式，改变了传统的新闻传播格局。

传统的新闻传播格局相对封闭，媒体掌握着选取何种事实加以报道的权利，受众是信息的被动接收者，传者和受者的地位是不平等的。民生新闻则改变了这一状况。第一，基于现场直播，拓展了新闻传播的开放空间。例如，南京卫视的《零距离》采用直播的方式，包括社会新闻、生活资讯、甲方乙方、孟非读报、小璐说天气、新闻调查、现场热　　线等版块，将信息立体式地传达给受众。第二，基于实用功能，营造"有困难，找媒体"的氛围。例如，河北卫视的《午间视野》在播出时通过现场热线与观众交流对新闻事件的看法；遇到纠纷、投诉等问题时，邀请观众出谋划策。第三，基于互动功能，创造节目与观众之间的交流氛围。例如，成都卫视的《成都全接触》以新闻的收视奖励活动为契机，吸引众多观众踊跃参与，提高了新闻节目的参与度和收视率。第四，基于情感功能，打造亲和自然的沟通语境。例如，安徽卫视的《帮女郎帮你忙》节目的当家主持人吴薇，用平民语态主持节目，主持风格亲切、自然、大方、得体，深受广大观众的喜爱。上述四点实现了受众从被动的接收者到主动的参与者、互动者的转变。这种"开放、参与、互动"的传播新模式是对传统媒体的一种补充、一种创新，民生新闻的这种开拓适应了新媒体的传播新格局。新媒体对传统媒

体的革命性意义在于，它为受众提供了表达、参与和交流的平台。由此可知，民生新闻早已走在了重塑和变革的道路上，这份开拓所凝聚的潜动力为民生新闻的再次起航奠定了坚实的基础。

（二）民生新闻的传播价值契合社会主义和谐社会的发展态势，具备发展的现实力

中国人很早就意识到了传播的社会功能。早在汉代，《毛诗正义》中就明确指出，"治世之音，安以乐，其政和。乱世之音，怨以怒，其政乖。"在新闻传播领域，媒体社会功能的发挥是传播者关注的重点，也是传播效果的主要体现。民生是构建社会主义和谐社会的基本内容，以民为本的价值取向是社会主义核心价值体系的基本着力点。现阶段关注民生议题，对于正确引导民众的意见、促进社会主义和谐社会的建设尤为重要。例如，以"就在你身边"《零距离》和"记录成都每一天"《成都全接触》的基本定位为例，通过传递南京和成都老百姓的生活信息资源，挖掘信息资源背后的价值，让受众在接收信息的同时，完成基于民众利益的社会价值的传播。

民生是人们不遗余力表现的内容，民生新闻基于内容的选择与挖掘实现了民本的传播价值，而民生新闻的传播价值与和谐社会的发展态势极为契合。全国新闻战线倡导的"三贴近"原则，以及"走转改"活动与民生新闻的传播价值关系密切。从新闻传播的三角关系来看，媒体人基于社会效益和经济效益的需要，自觉办好民生新闻；政府基于施政的需要，关注并支持民生新闻工作；受众基于自身话语权的需要，青睐并认同民众利益的新闻事件。因此，民生新闻具有强烈的现实需求性。

（三）民生新闻的传播实质遵循传播规律，具备发展的原动力

民生新闻在未来能否持续发展，关键在于其传播实质是否遵循新闻传播规律。1843 年，马克思写道："要使报刊完成自己的使命，首先不应该从外部施加任何压力，必须承认它具有连植物也具有的那种为人们所承认的东西，即承认它具有自己的内在规律，这种规律不能而且也不应该被摆脱。"新闻传播是由传播者、受众、传播媒体和传播内容四大要素构成的。因此，新闻传播规律就蕴含在这四大要素的相互关

系、相互作用之中，这四大要素的相互关系最终可凝结为传受者之间的关系。遵循新闻传播规律最理想的状态就是实现传受者的有效互动，达到二者之间的心灵沟通和接近，以及利益的共同追求。可见，任何新闻媒体都必须把受众的需求放在最重要的位置。

从根本上说，我国的新闻媒体是党和政府的耳目喉舌。民生新闻将平民视角、民生内容、民本意识、民众话语等要素融为一体，致力于传播普通民众的生存、生活、学习、工作等环境的最新变动。民生新闻的传播遵循了新闻传播规律，具备发展的原动力。因此，民生新闻在新媒体视域下具备明显的传播优势，发展动力更足，发展空间更大，未来依然是一片光明。

二、融媒体视域下民生新闻的变化趋势

以理论视觉、平台建设和内容生成为重点，探究民生新闻在新媒体视域下的变化趋势，有助于民生新闻在新媒体浪潮中走得更稳，走得更强，走得更远。

（一）互联网思维和多维的理论视觉不可或缺

在新媒体视域下，互联网思维的精髓是自由、平等、开放，运用互联网思维经营民生新闻符合新闻发展的内在需要。互联网思维，就是在（移动）互联网、大数据、云计算等科技不断发展的背景下，对市场、用户、产品、企业价值链乃至整个商业生态进行重新审视的思考方式。提出互联网思维的是百度公司创始人李彦宏，他还强调以用户体验为中心，找到用户的痛点和普遍需求，就能为用户创造价值。锁定新媒体用户的需求，真诚地为他们服务，是民生新闻得以生存和发展的核心问题。受众的市场就是媒体的市场。所以，找到用户的普遍需求，就意味着争取到了受众市场。

民生新闻的发展还需要多维的理论视角，它们分别是传播学视角、营销学视角、社会学视角和政治学视角。用传播学视角看待民生新闻，民生新闻从属于新闻传播类，但营销学视角能帮助民生新闻大有作为。传统的新闻生产内容被称为新闻作品，而在新媒体视域下，基于互联网平台的因媒体融合而产生的新闻产品取代了传统的新闻作

品。产品从属于经济学领域，人们运用营销学视角旨在打造民生新闻的品牌优势。社会学视角能为民生新闻的传播效果带来软实力。软实力是一种能力，它能通过吸引而非威逼利诱达到目的。国家软实力是相对于国内生产总值、城市基础设施等硬实力而言的，是指一个国家的文化、价值观念、社会制度等影响自身发展潜力和感召力的因素。哈佛大学教授约瑟夫·奈首创"软实力"概念，从此启动了软实力研究与应用的潮流。正如他所言，软实力的来源有文化吸引力、意识形态和国际制度。在信息时代，软实力比以往更为突出。新闻媒体应以社会学视角去了解当地的人文文化，贴近民生，贴近群众，从而提升新闻的民生文化品格。目前，中国正处于社会转型期，快速发展所带来的人文精神的失落问题已呈现在人们面前，因此媒体的社会使命显得尤为重要。民生新闻从采集到制作、播报的整个过程，需要政治学为之保驾护航。

（二）搭建相互融通的民生新闻的传播平台势在必行

搭建相互融通的传播平台，利用市场化运营模式解决新媒体视域下资源共享与共赢的问题。传播平台是媒体载体、内容形式及技术平台的综合体，相互融通是指信息采集、编辑生产、传播营销、互动反馈等新旧媒体环节的有机融合，以实现内容、经营和品牌推广等核心层面的共享与共赢。值得骄傲的是，民生新闻早在 2006 年就开始了从内容到经营的转变，在如何建立新型综合传播平台方面有着宝贵的探索经验。

在总体层面，全国省级电视台成立民生新闻协作体，旨在借助各家地面频道的优势，确立联合制作、同步播出、资源共享、实现多赢的合作策略。经过 8 年的沟通与合作，32 个成员台之间互换新闻、联合直播、联合营销，实现了全国省级民生新闻的联播。各成员台联合策划非事件性的新闻活动，如江西都市频道《游中国年》，深圳都市频道《全国寻亲大行动》等报道，均充分发挥了协作体策划和联动的力量。此外，各成员台扩大了合作范围，在完善民生新闻合作的基础上，第八届协作体共同确立了基于统分结合、常态合作和大项目合作结合，平台的线上线下结合，推进新节目、拍剧、经营等更多层面的合作，积极探索公司化的合作模式，加快了传播平台建设的升级步伐。

在个体层面，以省级地面频道为例，在常规民生新闻的联播之外，借助新媒体（如微博、微信）及传统媒体（如都市报、广播等）多种渠道共同发力，形成民生新闻的立体式报道。以南京卫视《零距离》的改版升级为例，其改版体现了相互融通的传播平台优势，既可以进行本地运营，也可以跨区域运营。江西广播电视台（集团）党委委员、副台长朱育松表示，媒体需要搭建好"传达民意、服务民生、引导民心"的大平台，民生新闻报道融合各种活动也是大势所趋。

搭建相互融通的传播平台既有宏观层面，又有微观层面，以民生新闻的产品生产制作和传播方式的多媒体融合为核心。融合的内容广泛且深刻，从内容融合到经营融合再到品牌推广融合，融合的方式多样且多变；从跨地区融合到跨媒体融合再到与运营商跨行业融合，传播平台的建设与时俱进，不断升级。

（三）优质的民生新闻产品是其发展的永恒主题

民生新闻的核心价值是为受众提供民生信息，因此做出最优秀的新闻内容，永远是民生新闻的首要任务。成功的新闻节目，一定是优秀新闻产品的创造基地。美国传媒大亨萨姆纳·雷德斯通曾说过："传媒企业的基石必须而且绝对必须是内容，内容就是一切！"

优质的民生新闻产品是发展的永恒主题。优质的民生新闻产品需要坚守民生本质，民生新闻的创新维度要在民生本质的框架之下，民生本质是民生新闻发展的生命力。坚守民生本质，就是在发扬民生新闻的传播优势。当今社会正处于转型和快速发展时期，民生议题复杂多样，网民素质参差不齐，民生议题的设置不能只是传媒一方的主观意志，而要建立在充分了解民生舆情的基础上。所以，坚守民生本质的关键在于制作民生栏目的团队是否具有民生眼光，是否具有民生勇气，是否具有民生胸怀，并将诸如此类的情怀化为辛苦的行动：工作在街头，采访在社区，活跃在人群中，流动在夜色里。对于民生新闻工作者来说，民本不仅是他们的精神动力，也是他们的精神归宿，所以他们表现的不仅是人民的生存状态和心灵状态，更是人民的生活追求及心灵渴望。

优质的民生新闻产品需要占据民生市场。民生市场是民生新闻的主阵地，只有占据民生市场、争取受众才有基础。占据民生市场既要占据地方民生市场，又要放眼外地、国家乃至国际的民生资源，从而满足受众的民生心理需求。民生内涵丰富多彩，与时俱进；民生事宜无大小，涵盖情感、理财、养生、公益、调解、援助、达人、趣事等。民生事件可以是老百姓的柴米油盐、衣食住行等日常生活和生存状态的"小民生"，也可以是国计民生、重大政策等公众关注的"大民生"

优质的民生新闻产品需要强化新闻本位。新闻本位是构建民生新闻产品的基本要求，面对纷繁复杂的信息海洋，需要专业的新闻眼光，辨伪求真，构建真实、动态的新闻产品。民生新闻要致力于汇聚民意，坚守民生资讯的新闻本位，发扬传统新闻的权威性，促进社会民主政治的发展，或反映并代表舆论，或激发观众参与民生讨论，或引导观众文明表达。

三、融媒体视域下民生新闻的发展路径

随着市场竞争越发激烈，我国新媒体与传统媒体的合作日趋紧密，这为新闻传播事业的创新带来了许多新的可能。但新媒体与传统媒体在融合过程中存在许多问题，突出表现为资源缺乏深度整合、配合机制不顺畅、融合地位不明确等，因此人们要寻求媒体融合的总体思路和发展路径。

在传统媒体与新媒体并存发展的当下，总体思路应是统筹协调传统媒体和新兴媒体的融合。传统媒体要增强主动性和包容性，发挥内容资源优势；新媒体要增强开发性和应用性，发挥新媒体的技术优势。新媒体与传统媒体融合的目标是利用不同形态媒体的相互作用，实现内容的增值服务，使丰富的内容资源借助新媒体技术，实现传播价值和传播效率的提高。

（一）力避"生硬"之弊，走传、受共鸣之路

传者应力避"生硬"之弊，以深厚的民生关怀，直达受众的心灵深处，走传、受共鸣之路。传、受共鸣之路要突出民生新闻的实用价值，不能打着民生的旗号，一味追求收视率，听任负面新闻肆意泛滥，听任节目带有极端主观的情绪，听任节目低俗化、媚俗化，听任节目伪情化、滥情化，导致信息传播缺乏真实性，引发信任危机，

妨碍社会的正常发展。民生栏目以传社情民意为己任，视舆论监督为己责。要想将社情民意和舆论监督孕育在鲜活的新闻事实中，传者就要深入社会，了解民众，把握时代脉搏，通过选择具有时代特征的民生事件并着力挖掘新闻内涵，提高民生新闻的质量。民生新闻要从最早的以"鸡鸣狗盗""鸡飞狗跳""鸡毛蒜皮"为题材发展为把民生作为一种主张、一种视角、一种情怀。

（二）力克"同质"之弊，走错位发展之路

我们身处共享、共赢的互联网时代，单个电视台、频道、栏目的力量相对薄弱，民生新闻要克服节目同质化这一发展瓶颈，就要克服"同质"之弊，增强原创意识，不同的专题栏目一定要有不一样的民生市场定位，走错位发展之路。

第一，同样的战略，不一样的走法。例如，由郴州电视台经济生活频道改版的《天天播报》，依托"大民生"战略，开辟新闻快报、民生解读、服务资讯等板块，让观众用最短的时间了解国内外的重大新闻事件。中央电视台新闻频道的《共同关注》同样是"大民生"思路，但其不走寻常路，借公益慈善活动支撑栏目，提升社会影响力；反映具有普遍意义的社会热点、难点，力图推动问题的最终解决；配以专业的评论员现场评论，力图为观众提供更多视角。安徽广播电视台经济生活频道的《第一时间》是安徽人的"信息超市"，该栏目扎根本土，动态消息突出"新""快"，服务资讯突出实用，烦恼琐事突出日常生活，热点话题广受关注，成为安徽老百姓家喻户晓的栏目。

第二，精打一类民生资讯。例如，湖南都市频道的《经济向前看》主打百姓理财类民生，江苏电视台城市频道的《绝对现场》则以法治民生为特色，将"SNG（卫星新闻采集）直播"常态化，突出突发的现场效应。

第三，打组合拳，抱团式发展。例如，升级后的《零距离》，借助社会新闻、生活资讯、甲方乙方、孟非读报、小璐说天气、新闻调查、现场热线等版块，形成民生新闻栏目群，每天给观众呈现一组快速全面的组合报道，一位栩栩如生的新闻人物，一串妙语连珠的新闻评论，一桩环环相扣的新闻调查，一个曲折离奇的新闻故事。

（三）力革"失范"之弊，走融合新闻之路

随着 4G、5G 网络的普及，各式各样的新媒体成为新闻传播的主流方式。网络上信息准入的宽松，使受众的表达意愿变得更加便捷，传播渠道变得更加多样，但也带来了一定的负面效应。民生新闻将面对更多的网络失范问题，其中最严峻的挑战就是如何应对网络表达失范问题，如个别语言表达极端化，易出现舆论监督的越位现象。毫无疑问，民生新闻要倾听民众的呼声，并敢于为之发声，但"网络民意不等同于民意"。民生新闻应力革"失范"之弊，强化新闻本位，走融合新闻之路。

走融合新闻之路侧重构建新闻产品的方式。"融合新闻"又称"多媒体新闻"，指利用多媒体手段进行新闻传播活动，将文字、图片、视频、音频、动画等不同的媒体形态集中在一篇报道中，提高信息传播的吸引力和影响力。

1.数据化＋图表化

我们已经进入大数据时代，数据已经成为新闻报道的重要资源，央视等主流媒体多以"数据化＋图表化"为表征的新闻产品来呈现、分析、解读事件。数据加上图表可以让抽象的数据变为可视化数据，能够更清楚地表达信息，更深层次地挖掘信息背后的资讯，实现对民生新闻实事的深度解释和解析，有效提升新闻的内在品质。设计精美、言之有物的信息图表必将成为民生新闻的新宠。

2.形象的还原＋立体的呈现

随着科技的发展和生活节奏的加快，现代人已经进入读图时代，用户对视觉化的信息更感兴趣，适度可视化的挖掘和包装成为民生新闻发展的方向。新闻媒体应将文字、视频、动画、音频等不同的新媒体形态融为一体，从而还原事件，让新闻立体鲜活起来。2013 年获得普利策新闻特写奖作品《雪崩：特纳尔溪事故》，该作品报道了 16 名滑雪爱好者遭遇雪崩的经过，在报道技术上颠覆了传统报纸的新闻呈现方式，联动、集成文字、音频、视频、动漫、数字化模型、卫星模型等内容。该作品最大的亮点就是给人以强烈的视觉冲击和心灵震撼，作者巧用多媒体手段，将场景的切换、画面的动态效果、色调的调整、流畅的文字完美地融为一体，立体式地呈现了雪崩的背景、情景、后续处理及每个当事人的故事。《雪崩：特纳尔溪事故》成为传统新闻

向融合新闻发展的一个标志性新闻作品。

3.终端制胜，民生新闻的形态之变

移动终端，也称移动通信终端，是指可以在移动中使用的计算机设备，如手机、笔记本等。今天的移动终端不仅可以通话、拍照、听音乐、玩游戏，还可以实现包括定位、信息处理、指纹扫描、身份证扫描、条码扫描等丰富的功能，成为移动执法、移动办公和移动商务的重要工具。移动终端以智能手机为代表进行大面积普及。民生新闻产品的未来，要适应新的媒体环境，积极拓展自己的读者群，根据不同用户的差异进行精准推送。

第二节　融媒体视域下的经济新闻

经济新闻是对人类社会中经济关系、经济活动、经济现象和经济发展趋势的即时报道。在我国，经济新闻经历了跌宕起伏的发展历程，特别是在新媒体的影响下，经济新闻报道正不断变迁和自我完善，其新特点和新趋势逐渐凸显。

新媒体的持续发展，使全球一体化进程加速，政治、经济、文化等社会各行各业之间的联系愈加紧密。如果从事物发展的角度来考量和分析新闻，就会发现大视野下经济新闻的概念出现了新的演变。有学者认为，所有新闻都与经济有关，反映的是社会生活的日益经济化，以及经济影响着传统的政治、文化、教育等多个领域。可以说，所有的新闻都是经济新闻。

一、融媒体视域下经济新闻传播的新变化

根据沃尔特·李普曼"拟态环境"的观点，公众对大范围内"经济"的理解，在

很大程度上是通过大众媒体来"感觉"的。换言之，每个人身处的"经济"都是由新闻工作者构筑，并在报刊、广播电视节目、互联网中出现的。每个人根据大众媒体所传达的"经济"信息，来调整自己的工作和生活，以达到自身的目标。经济新闻的发展直接影响着人们的生活方式，而在新媒体的影响下，经济新闻在新闻来源、写作主体、发布渠道、受众等方面都在不断发展。

（一）新闻来源不断优化

传媒不仅要向公众呈现经济新闻，还要通过报道经济新闻参与到经济与社会问题的解决及经济决策中来。随着新媒体技术的发展，新闻来源的可信度、来源渠道等方面都有所优化，主要表现在以下三个方面：

1.权威意识加强

对于大型新闻事件的报道，更多人倾向于相信大众媒体所言，尽管目前经济新闻的报道形式、渠道、语言丰富多样，但大众媒体的权威意识依然起着主导作用。专家的采访、政府发言人的回答都是能使受众信服的信息源。目前，通信技术和网络传输技术高度发达，新闻采集后可瞬时呈现给受众评判和监督，此举更强化了信息源的可信度。

2.抓取"新闻源"

互联网的发展使新闻来源有了本质的改变。新闻报道中的新闻源概念是伴随着互联网的发展而发展的，它的价值在于建立了一个"数据库"。网络上所有已发布的新闻都像是被纳入一个庞大的数据库，只要获得发布者的授权，人们在需要时仅仅进行挑选和"抓取"即可。这也是一旦某条新闻被百度、360等搜索引擎收录，点击率将成倍增长的原因。

3.利用反馈机制

新媒体时代到来之前，大众媒体对受众的信息传播是单向性的。受众虽然具有对媒体的选择权，却很难把自己需要的信息反馈给传播者。受众是经济新闻的直接阅读者，也是经济行为的具体实施者，但由于技术的限制，传播者无法把广大受众作为信息来源的重要组成部分，所以对传播者来说真正的经济信息需求是不可知的。随着新媒体时代的到来，传统媒体的信息传播方式被彻底打破。受众通过经济新闻发布的链接，可以直接使用评论、打分、投票等方式进行信息反馈，由此形成了基本的反馈机制。通过该反馈机制，传播者可以得知受众真正关注的信息点，从而在找到最受大众关注的新闻点后，再对其进行深挖，为下一步的经济新闻深度报道或追踪报道进行方向上的准确定位。

（二）写作主体由记者到全民

在传统媒体时代，无论是报纸上的经济新闻，还是广播电视中的经济新闻，它们都是由专业的新闻记者和编辑通过撰写、剪辑、制作完成的，经济新闻发布的话语权掌握在大众媒体和新闻工作者手中。在新媒体时代，互联网设置的平台使得网络中的每个人既是信息的接收者，又是信息的发布者。可以说，新媒体时代是"全民记者"时代，只要是自己认为具有经济价值的消息，都能在网络上进行传播。

在经济新闻的传播过程中，受众不仅是被动地接收信息，还可以主动发布信息。新媒体给受众提供了自由发声的平台，受众在接触经济新闻时，会分为三步走：第一步，主动寻找与自身息息相关的或者感兴趣的经济信息；第二步，整理这些信息，结合自己的知识和理解，对该经济现象进行评价，并把这些发布在微博、微信朋友圈等平台；第三步，经常查看其他人对自己发布的消息的反馈，与他人的讨论，既满足了自身意见表达的需要，也完善了自己在该领域的知识体系。

（三）发布渠道多元化

在电视出现之前，新闻发布渠道只有两种：一种是通过报纸上的文字进行"视觉"上的传播，另一种是通过广播传输声音信号来进行"听觉"上的传播。电视把声像技术结合起来，改变了新闻的形态。现在，新媒体技术和多媒体技术的发展与普及，使经济新闻的发布渠道更加多元，形式也更加丰富多样。

技术的发展带来了经济新闻传输方式的革命性发展，新媒体的概念被不断充实，先出现了互联网、计算机，后又出现了智能手机、平板电脑等移动互联设备。经济新闻的表现形式越发丰富,通过流媒体技术对文本进行非线性呈现;经济新闻在制作过程中可发挥的空间越来越大,包括文字、图片、表格、数据、互动游戏、视频新闻等多媒体元素。以纸媒为例,从微观来看,纸媒在完成经济新闻的生产之后,除了可以通过印刷出版,还能通过媒体网站进行发布,更可以在网络经济论坛中与网友们进行讨论,多渠道的应用使得经济新闻得到了更多的关注。从宏观来说,多元化的发布渠道是媒体融合的重要方式。纸媒积累了一批优秀的经济新闻写作者,而网络媒体又能很快把握受众需求,两者的优势互补,使经济新闻能够更好地发挥价值。

(四)受众能动性加大

受技术发展的影响,经济信息从过去的匮乏,转为现在的信息爆炸,受众所能接触到的经济信息的种类和形式越来越多,也对经济知识有了更加深刻的了解。因此,受众对经济新闻的要求越来越高,主要体现在以下两个方面:

1.受众知识水平提高,辨别能力增强

在过去,经济新闻的受众主要是政治家、商业人士、经济学家和其他学者,他们被称为"经济观察者"。他们具有较高的社会地位,属于社会资源的优势占有者,他们对经济新闻的关注是为了满足开展工作和承担社会责任的需要,对经济新闻的获取也有其自身优势。现在,随着互联网技术的发展和民众生活水平的提高,大批量的普通民众也加入了"经济观察者"的队伍。互联网的信息储备功能,使受众接受经济知识的渠道增多,信息量加大。

与受众的工作生活息息相关的经济知识普及率很高,譬如恩格尔系数、风险投资、众筹等概念,许多受众都能运用自如,这说明受众的知识水平相比过去已经有了大幅度的提升。同时,经济知识的更新速度越来越快,无形间对经济新闻报道者提出了更高的要求。经济新闻报道者必须跟上时代的步伐,及时更新知识储备,从而写出具有高含金量的经济报道。

2.受众分众化,形成分众舆论场

陆小华认为,新媒体传播中存在三个舆论场:传媒舆论场、分众舆论场、口头舆

论场。当今，分众舆论场对传媒舆论场的影响很大，要特别注意事件、利益、情绪、禁忌等因素产生的影响。受众分众化表现在两个方面：一方面，受众根据自身喜好，或选择媒体进行订阅，或加入网络兴趣小组参与讨论，如在股票资讯媒体中，虽然和讯网深受股民喜爱，但股民更喜欢在百度贴吧、QQ 群、微信群里，对和讯网的消息进行讨论；另一方面，受众在使用社交平台时可以自主选择，如在微博中，许多商界的专业人士吸引了一大批普通受众的关注，他们的言论直接影响分众舆论场的走向。

二、融媒体视域下经济新闻的发展路径

（一）新闻选题集中化

陈力丹认为，新闻价值是"一件事实所具有的足以构成新闻的特殊因素（对媒体来说是可以实现交换价值的对事实的选择标准，对读者来说是使用价值）"。以专业的新闻眼光来评判，一些复杂的经济事件的新闻价值很高，但需要投入的时间、精力也非常多，尤其对许多并非经济学专业出身的记者而言，写作难度更大，投放精力和获得关注的性价也不高。所以在新媒体时代，面对信息快速更迭的传媒市场，许多记者以能否引起关注作为选择经济新闻的首要标准，而不是该经济事件的经济价值。从传媒市场的角度来看，报道一个复杂的经济事件不如报道一个善恶分明的简单事件。在信息爆炸的新媒体时代，往往会出现集中关注某一个议题的现象，为了迎合大众的喜爱，许多记者甚至会忽略一些具有新闻价值的事件，而选择能够引起轰动的大事件，由此出现了经济新闻报道同质化的现象。例如，2013 年 9 月，一则"微软收购诺基亚"的消息被广泛关注，各大媒体随即着重分析该主题，从品牌是否更名、裁员状况、收购原因等许多方面进行了剖析，直到 2014 年 4 月，该话题的相关报道还在继续进行。

目前，出现的这种"反新闻价值"的经济新闻选择标准，不是完全反对传统的新闻价值理念，而是强调以"亲社会意识"来对传统标准进行校正和补充。传播者在经济新闻发布之时开放了参与节点，在获得受众的需求反馈之后，进一步深入报道受关

注的主题。由此衍生出了一个问题：优质的经济新闻撰写难度大，网络媒体信息更迭速度太快，导致新媒体的经济新闻报道原创度不高。例如，《经济观察报》2014 年 8 月的一篇《山西"打虎"：十年政商纠葛史》得到了高点击率，很快，新浪、搜狐财经、凤凰网等门户网站都对这篇文章进行了原文转载。事实上，对于拥有独立采访权的大型网络媒体而言，过多的直接转载不利于其品牌的塑造和品质的提升。

（二）数据活化

在传统的经济新闻中，大量的数据堆积往往令人不知所云。摆出的数据很多，但并没有去详细解构这些数据产生于怎样的背景、反映了怎样的特殊现象、该现象产生的根源在哪里、对当前社会经济的发展有什么意义等问题。正因为缺乏有力的分析，对普通民众而言，这些数据意义不大。

在新媒体时代，经济新闻不再以数据堆积为写作标准，而是选择用更多样的表现形式把数据活化。通常表现在两个方面：一方面，擅长运用图表，把数据融入图表之中，使数据的发展过程和趋势简明易懂，比如，现在报道人口分布图时已经不像过去那样在各个地区标注人数，而是直接以颜色深浅来表示人口的疏密程度；另一方面，媒体融合促使新闻采用多种传输方式，这样更能吸引眼球、加强互动，比如，将经济数据的文本信息与动漫结合，以轻松活泼的方式来表达数据和居民生活的关联。

（三）写作视角平民化

写作角度直接影响受众对新闻的可接受程度，经济新闻越来越呈现平民化的趋势，以普通平民的眼光、态度和意识来选择经济事实。在报道过程中，应贴近民众，从大处着眼、小处着手，站在宏观经济的角度上，从百姓的视角切入经济活动，抓住经济领域中百姓关心的热点、难点问题，以他们关注的问题作为报道的对象，为其解惑释疑，增强经济报道的亲和力及可读性。

（四）语言通俗化

经济新闻的专业性是区别于其他新闻的显著特点之一。在新媒体时代，网民对经济新闻的关注度很高，当出现晦涩难懂的经济学专业术语时，就需要记者用专业的视角和浅显的文字来表达。在报道中，用生活化的通俗语言，或者生动形象的比喻代替原有的专业术语，可以进一步减少受众阅读经济新闻的障碍。例如，一则新闻的题目为《创业软件"不差钱"谋上市，净利润虚胖》，与用枯燥的经济学术语去解释相比，这样形象的表达可以使受众在阅读时单从标题就能明白其间的商业运作变化。

但是，如果仅仅为了迎合受众而改变语言，则极易产生"标题党"现象。"标题党"一词源于网络，指网络新闻中文不对题的现象。在传统媒体中，经济新闻的标题是对全文的概括，可以有引题、主标题、副标题，也可以虚实结合。在网络新闻中，受页面限制，标题只能有一排，受众在浏览网页时又经常切换页面，如果不能在第一时间吸引受众的注意力，就失去了被点击的可能性。所以，许多网络编辑为了争取新闻被"点击"，会采用某些过度渲染的"局部"来代替"整体"，用夸张的语句引起受众注意，吸引受众打开页面浏览，但实际上其新闻内容和标题相差甚远，这对受众而言就是一种误导。

（五）行文结构创新

多年以来，经济新闻报道有一些固定的套路，或"概念＋数字＋例子"，或"过程＋措施＋效益"，或"套话＋数字＋过程"三段论式的模式，只是把地名、企业名、产品名更换了，内容大同小异。久而久之，受众早已审美疲劳了，传播者也缺乏创新动力。尤其是许多纸媒，多年来满足于就事论事的直线式报道，或者因为探究不深无法开掘出深层意义。

在新媒体时代，经济新闻的报道结构越来越丰富，经济报道逐渐走向立体。这主要有两种方法：第一种方法是类比法，把经济现象进行纵向和横向的比较，活学活用，突出被报道者的自身行业优势及对国民经济发展的作用；第二种方法是借鉴"华尔街日报体"的优秀做法，以"讲故事"的方式，挖掘品牌故事，探索发展规律。以《南方周末》为例，2014 年 8 月 7 日刊载的一篇文章——《聚美优品，被假货抹掉的传奇》，以叙事的手法讲述了聚美优品发展的传奇历程及丑闻爆发的实质。

第三节　融媒体视域下的体育新闻

在当下数字媒体的大环境中，使用互联网可以获取个人所需要的体育新闻信息，通过网络视频直播观看体育赛事已经逐渐成为人们日常生活的重要组成部分。新媒体体育新闻传播的优势是信息量庞大、输送速度快、传播效果好与互动性强等，这些都给传统的电视体育媒体带来了一定的影响。当下，体育新闻的新媒体传播仍然处于起步阶段，业界已经意识到新媒体与体育新闻之间互惠互利的重要性，研究新媒体视域下的体育新闻的新变化及创新路径是十分重要的。

一、融媒体视域下体育新闻的新变化

首先，从网络传播的视角出发，新媒体视域下的体育新闻传播出现了新变化，并出现以下几类新事物：

第一类是门户网站。门户网站是体育网络传播中最具影响力的传播形态，如新浪体育、腾讯体育等。新浪体育和腾讯体育等经常进行在线视频直播，不仅开展了大量的公共活动，还联合了各大体育电视媒体。

第二类是体育系统自有的官方网站。体育系统下属的网站以发布官方信息为主，如中国篮球协会官方网站、中国足球协会官方网站等，这类网站具有一定的权威性和政策性，但是其信息数量和类型难以与各大门户网站相比。

第三类是专业体育网站，这类网站主要以深度报道为主。有一种现象是传统体育传播方式的网络"位移"。近些年，传统体育传媒将专业类体育报刊、电视等直接转移到网络媒体中，但是这种直接"嫁接"缺乏专业性，在深入报道方面做得还远远不够。

第四类是近些年比较凸显的体育新媒体传播变化——体育类电子杂志、博客的发展。虽然体育类电子杂志的发展还在完善阶段，但是多媒体视频、音频的加入使之更具吸引力。博客类传播一直方兴未艾，但是草根类的体育评价和视角对传统体育新闻报道的补充是十分必要的。

其次，从移动媒体的视角出发，手机、平板电脑等移动平台在当下体育新闻的传播中较为流行。从定制体育赛事短信，到在线观看体育赛事等，手机的功能越来越强。手机和平板电脑等作为移动媒体的多媒体信息处理终端，可以为用户提供更加丰富、更加个性化的信息服务。在当下体育新闻的传播中，无论是在数量上还是在质量上，在移动媒体端的体育信息的定制与传递都已经初具规模。

最后，从电视新媒体发展的视角出发，数字电视是重要的新媒体平台，热门的体育频道成为数字电视体育电视节目传播的主要途径。电视媒体模拟信号的体育传播是属于传统媒体的，但是数字电视中的体育传播活动属于新媒体活动。伴随着体育赛事商业化的潮流，数字媒体技术成为当下体育新闻传播的关键。此外，交互式网络电视的发展一直处于上升阶段，这类网络电视是以点对点技术为技术核心的新媒体网络平台，此项技术具有超文本传播、超媒体制作、全方位交互传播等特征。

二、融媒体视域下体育新闻的传播策略

（一）强化新闻监管力度，做好法律监管及行业自律

对于新媒体视域下的体育新闻行业而言，有力的监管与把控需要以强制性的法律法规制度为依据，因此首先应当从加强新闻监管意识的思想根基的构建着手，将监管法规的完善作为重中之重，并以此为依据肃清不良风气，使新媒体视域下的体育新闻环境得以澄清。

一方面，政府可以与传媒机构建立良性的沟通关系，在倡导行业自律的基础上，通过不断完善相关法律法规来达到规范管理新媒体体育新闻传播环境的目的。例如，对亵渎体育精神、侵害竞技体育健康的新闻传播行为予以严厉打击，同时加强对新媒

体自我监督行为的严格审查,通过出台新媒体相关运营条例来规范各类体育新闻传播行为;为加强对新媒体的版权保护,还可通过法律技术手段,成立以"新媒体版权保护"为主题的行动小组,致力于构建合法有序的体育转播资讯平台;从新媒体体育新闻平台的自律角度考虑,应尝试加大"健康新闻"概念的传播力度,即大范围普及加强网络新闻把关的重要性,使各大新媒体体育新闻平台都能够自主形成抵制负面体育新闻的认知,从而做好行业自律的把控。

另一方面,基于新媒体视域下人人都能成为信息发布者的特征,要真正优化体育新闻发布环境,应当加大舆情把控,倡导全民发布健康网络信息,在强化软性监管力度的前提下进一步巩固行业自律效果。例如,可通过提高新媒体体育新闻行业就业门槛,要求相关从业人员经过专业培训或具备相关资质后才能从业;加大网络体育新闻排查、监管力度,与网警机制建立紧密联系;针对发布侮辱性、造谣性、炒作性等负面新闻信息的个体或集体予以严厉处罚,将监管范围扩大至整体网络环境。

(二)坚持新闻内容至上,强化新闻深度及内容创新

体育新闻的深度及创新度在很大程度上象征着体育新闻平台的市场定位及体育精神内核,这一因素也决定了新媒体视域下体育新闻市场的发展风向,在体育新闻的内容管理工作中要作为一大要点进行考量。

一方面,新媒体体育新闻平台应当高度遵循内容至上的信息发布准则,以还原体育事实本质为新闻播报的最终目标,同时在内容的趣味性、多元性等元素的投入上加以适当权衡。以新媒体市场上常见的"标题党"现象为例,强调以实质性内容为核心的体育新闻发布平台首先应主动杜绝这一乱象,摒弃以博取眼球为主的标题构建方式,以内容的真实度、精确度及精神深度作为吸引受众的根本特点,而非以权威性流失为代价换取暂时的利益。在提升体育新闻内容趣味性的过程中,体育新闻发布平台可结合自身特点,通过融入一些互动元素来提高受众的参与程度,如开设与体育赛事相关的投票活动、问答活动等,在吸引受众参与的同时也能够达到一定的体育知识普及效果。

另一方面,提升市场竞争力的一大核心在于内容创新,因此在保证内容质量的前

提下，新媒体体育新闻栏目还需不断发掘市场热点，将"体育"元素与"创新"元素进行深度融合，从而不断扩大体育新闻受众群体。例如，可借助大数据技术，将"定制化体育新闻推送"作为新媒体平台的一大卖点，即根据用户的阅读喜好、浏览倾向来定制推送的信息内容，用户也可自行设置"重点推荐关键词"或"重点屏蔽关键词"等，真正实现新媒体体育新闻的智能化与数据化。

（三）提升从业人员的专业素质

在新媒体视域下，体育新闻信息的传播虽更多地依赖网络技术的支撑，但相关从业人员仍然是决定行业潜质、行业素养的主体，因此提升从业人员的专业素质仍是一项重要的举措。

一方面，新媒体体育新闻平台可通过开设定期、定向的培训课程来达到提升从业人员专业素质的目的，培训内容可包括新闻发布及播报的基本素养、行业法律法规、新媒体技术应用、新闻热点把控等，并通过抽查考核的形式来摸清短板，从查漏补缺的角度逐一强化，直至与行业标准要求相符。

另一方面，为促使"新媒体元素"与"体育新闻元素"在未来的发展势态中呈现进一步融合，平台方还可通过引进复合型人才来满足新媒体体育新闻传播的人力资源需求。复合型人才是指兼具新媒体技术操作能力与体育新闻传播能力的双向发展人才，在这类从业人才的支撑下，新媒体体育新闻平台的真正优势才能够得到真正发挥，并与传统媒体真正区分开。

（四）确保体育新闻的真实性，提升新闻权威性和公信力

体育新闻的真实性密切影响着其权威性及公信力，意味着要从根源上巩固受众对新媒体体育新闻平台的信任，还需从维护新闻质量、保障新闻真实性的角度着手。从新媒体体育新闻平台的角度来看，维护体育新闻的权威性可从以下几个方向着手：

第一，从品牌定位上做好关于"维持真实性"的规划，即在大方向上确立以真实性为主的发展理念，并将这一理念由上至下进行渗透，坚决抵制新闻造假、夸大事实、删减事实等报道乱象的出现，同时出台针对此类事项的管理措施，承担起行业自律的

职责。

第二，在风格塑造层面，找准自身特点及优势所在，在坚持走独立路线的前提下，通过精准的热点把握能力直击市场痛点，让体育新闻不断向大众靠拢，从而达到扩大受众、打造精品栏目的目的。

第三，除针对平台内部的管理措施外，还应把控外部舆论风向，如在完成体育新闻播报之后，要通过舆情监控、引导规范管理其引发的一系列发散讨论内容，防止因断章取义而歪曲事实的情况出现。

（五）加强媒体技术开发，实现自媒体资源广泛运用

为调节新媒体体育新闻平台在传播资源方面的短板，要从加强技术开发、提高自媒体资源的利用率等层面着手，尽可能地降低对传统媒体的依赖程度。首先，结合新媒体在现代化技术方面的资源优势，通过加大网络资源、数字资源的利用力度来突显自身新闻的传播优势，进而争取相关政策的扶持，尽可能拿到未来大型体育赛事现场的网络直播权，从而消除转播权限等带来的局限。其次，尽可能地开辟媒体技术资源渠道，新媒体平台可针对现有的搜索引擎技术、网络安全监控技术进行深度开发，如通过安全、稳定的网络监控手段来杜绝直播过程中可能遇到的入侵风险、断链风险，优化新媒体技术在受众概念中的稳定程度，从而获得更大的资源拓展空间。最后，找准新媒体区别于传统媒体的新闻播报优势，如5G技术的开发等，并将其作为未来发展形势预估中的重点开拓环节，厘清这类技术在维持视频传输方面的流畅优势与稳定优势，使其成为自媒体资源运用的一大宣传重点，将以往的"迎合市场"局面彻底扭转为"领先市场"。

第四节　融媒体视域下的气象新闻

随着智能手机的普及，天气应用软件已经成为人们日常即时获取气象信息的重要工具。天气应用软件是指可以在手机、平板电脑应用软件市场免费或付费下载的，即时发布各类气象资讯、自然灾害预警及其他与天气相关信息，以及向用户提供生活便民服务的客户端软件。在手机应用市场中，天气应用软件的需求量较大，曾是安卓应用市场最赚钱的应用，因为天气变化情况是每个人生活中必须要知道的刚性信息，巨大的下载基数成为高额营收的主要来源。然而，近年来除了已形成品牌的几款天气应用软件，开发商已经很少能在这片领域有新的突破了。

与过去从报纸、电视、广播等媒体收看、收听天气预报相比，天气应用软件不仅具有信息更新的即时性、携带接收的便捷性等手机应用软件常见的优势，还切实改变了人们对气象灾害信息的传播和接收方式。本节选取了最具有代表性的 The Weather Channel、天空指南、墨迹天气进行比较分析。

一、天气应用软件功能的分析比较

The Weather Channel 是美国一家重要的天气信息提供商 Landmark 公司于 1982 年创办的专业气象频道。它的主要功能包括实时天气预报、七天天气预报、GPS 定位搜索、恶劣天气提醒、拍摄照片上传等，特色功能是提供与天气相关的各类视频，有详细的污染提示和健康指数。

天空指南的提供商是日本气象协会，在覆盖全日本的气象信息联盟的支持下，每天 24 小时不间断地更新市、町、村的天气变化信息。它的主要功能包括实时天气预报、七天天气预报、GPS 定位搜索、灾害预警等，特色功能是具有日本特色的生物圈动态提醒等。它还与日本的灾害预警系统联网，一旦发生灾害，便可及时通过手机客户端通知用户、引导用户避难。

墨迹天气是由移动软件开发商北京墨迹风云科技股份有限公司主导的一款天气应用软件，气象信息由北京市气象台提供。它的主要功能包括实时天气预报、七天天气预报、GPS 定位搜索、实景照片分享等，特色功能是提供与天气变化相关的网购推荐等。

作为手机应用市场上用户皆以百万计数的热门软件，上述三款软件都在不断更新版本或插件，在功能、界面等方面持续改进，以使用户获得更好的使用体验。

二、天气应用软件的特点

（一）强大的信息实时性

如今，在手机桌面上，天气信息的图标就像日历一样悬挂着，用户可以随时查看，只要连接移动网络，图标就可以随着气象部门发布的即时信息变化，遇到灾害天气预报时会有提示音或特殊图标进行预警。相比传统媒体，天气应用软件显示出更强大的信息实时性（如 The Weather Channel 的当日天气预报，实行在美国本土 20 分钟更新 1 次，非美国本土每日更新 4 次的播报频率）和高伴随性。随着更新频次的提升，其简洁的图标和数字在移动过程中更容易辨识。3D 天气效果动画则为用户带来了切身的感官体验和较为强烈的视觉冲击。

（二）温暖贴心的生活服务

天气应用软件的界面可以呈现更丰富的视听觉效果，用户还能通过点击、滑动屏幕等方式参与互动。墨迹天气能提供更细分的指数类型，如感冒指数、紫外线指数、化妆指数、洗车指数、运动指数、钓鱼指数等，还设计了类似 QQ 秀的虚拟天气人物，在不同天气情况下人物的着装和配饰（如遮阳眼镜、雨伞）会发生相应的变化，不仅使天气预报更加形象生动，而且展现了更贴近受众的亲和力，不同版本的人物、皮肤的下载开辟了盈利的道路。

（三）弱社交关系的导入

社交是工具类 App 转型的重要道路之一。即使用户数量过亿，天气应用软件与其下载用户之间的供需关系也不是稳定的，以及盈利渠道的狭窄，为了在残酷的市场中谋求生存和发展，导入社交关系就成为必然。

The Weather Channel 和天空指南具有拍摄与上传照片的功能，但是它们对这项带有社交性质的功能的重视程度远不如墨迹天气。社交功能并不是这两款软件设计的重点，只是一项附属功能。

实景照片分享对于墨迹天气来说，是特色功能。墨迹天气的创始人金犁在一次访谈中指出，这一功能具有两大作用：第一，对天气预报的补充；第二，为那些热衷于拍摄风景照片的业余或自由摄影师提供平台，从而增强天气应用软件的额外吸引力。但是这项功能仍存在一些问题：①大量图片的上传会增加软件的负担，使原本简洁的应用变得"臃肿"；②用户上传的照片质量良莠不齐，墨迹天气主要按照"点赞"数量排名，对照片有一定的筛选作用，但在这样一款并非专业交流照片的软件中，要对真正优秀的摄影师产生吸引力还是比较困难的。

社交关系的导入，对于工具性 App 来说，可以在一定程度上提高用户的积极性。但是，相比微博、微信等强社交工具，天气应用软件的社交是弱社交。如果不能找到这种社交功能的重要价值，不断优化该功能，那么新鲜劲儿过后，这项功能很快会被用户抛弃，成为令软件提供商难以取舍的"鸡肋"。

（四）污染、灾害预警功能的改进

随着全球气候变暖、环境污染恶化、自然灾害多发，污染、灾害预警成为气象播报服务的一大重心。在预警方面，手机客户端与报纸、广播、电视相比，有着突出的优势，因为它可以通过提示音、预警图标或预警信号，随时随地引起手机用户的注意。

The Weather Channel 主要通过地图上的色差来提示气温、风力、雨水和降雪的警戒线，并有专门的板块显示大气污染状况，向用户提出健康建议。天空指南与全日本地震预警系统相连，可在地震发生前、中、后三个阶段发布预警和避难信号。以墨迹天气为代表的中国天气应用则将预警信号分为两种：一种是常态预警，主要适用于污染。从 2013 年起，随着雾霾问题的突显，PM2.5 值和 PM10 值成为常态化的预报数据，与气温、晴雨状况并列显示且实时更新。另一种是灾害预警，比如，在台风、沙尘暴等可以预报的灾害性天气可能发生的前 24 小时以图标显示、警示信息的弹出等方式来预警。当然，在帮助人们防灾减灾方面，手机客户端其实还有更大的提升空间。

（五）"因地制宜"打造天气文化

天气应用软件提供的是非常单一的刚性信息，要在功能上进行创新、形成特色，可行路径之一便是结合当地气候特色、地貌风物、民间习俗，打造具有人文关怀的天气文化。日本的天空指南在这方面特别用心，它不仅提供气温、风、雨、雷、电等直观的气象数据，还定时发布农林渔从业者关注的土壤、沙尘、海上情报、生物等信息，用以跟踪不同季节、不同天气状况下植被发芽、开花、结果的情况。该应用软件在春季制作"樱花前线"专题，在秋季制作"红叶前线"专题，及时报道全国各地樱花开放、枫叶变红的盛况，不仅对气象数据来说是一个有趣的旁证，还考虑到观光客的要求，带动了当地旅游业的发展，可谓一举两得。

三、天气应用软件的未来发展方向

天气应用软件未来的关键变化可能发生在以下三个方面：

（一）轻量化

作为一款工具类 App，用户对天气应用软件的需求是明确的，即及时发布天气变化的情况和气象数据，这也是核心的功能。除此之外，如社交、生活建议、民俗节气等，只不过是辅助功能而已。然而，随着竞争的白热化，不少热门天气应用软件为了争取用户，先后走上了社交化道路，不断开发各种延伸功能，在应用中导入广告，使本来简洁的天气应用软件越来越复杂。

（二）个性化

早在 2010 年，苹果就向以一款 iPhone 手机取代个人助理的方向发展，当时仅是将相机、图库、GPS 定位、地图和通讯录功能联结起来，打造一条与朋友分享旅行照片的简单链条。现在，智能手机内置功能的完善和手机市场上各种各样的应用，让手机彻底成了人们的"个人秘书"，天气信息的管理也是其中不可或缺的一环，气象预报已从广而告之的大众传播转变为精准度要求更高的个性化传播。那些五花八门的指数并非都有用，如会关注紫外线和化妆的主要是女性，关注洗车指数的主要是有车的人。

The Weather Channel 和天空指南率先注意到这个问题，将不是每个用户都需要的各类详细气候信息以隐藏板块的形式呈现，用户可以根据自己的需要打开/隐藏这些内容。之后，墨迹天气也提供了个性化设置的功能。用户可以在个性设置中勾选自己需要的信息和指数类型，并设置预警的内容和等级，以满足个人管理的需求，这种个性化设置成为天气应用软件未来发展的方向之一。

（三）大数据化

当前国内外的天气应用软件大多已具备污染、灾害预警功能，但这种功能尚存在明显的局限性：①能够做到事前及时发布预警的灾害类型有限，台风、暴雨等相对常见的灾害天气能够事前预警，但如地震、火山喷发、海啸等发生频率相对较低，而破坏性较大的灾害却很难事前预警；②灾害预警的准确性不够高；③除了发布警报，在引导民众疏散避难、防灾抗灾方面的相关功能尚未充分开发。

在日本，近年来已尝试开发具有引导避难和确认家属安全功能的天气应用软件，通过 GPS 定位和导航地图，不仅可以迅速引导用户沿安全路线到达避难场所，还可以告诉用户的家属该用户所在的位置。

法国和比利时的具有噪声污染预警功能的天气软件，巧妙地将社交与 GPS 定位结合起来。用户可以上传自己所在位置的噪声数据，也可以从导航地图上看到其他用户发布的各地噪声情况。

借用大数据的概念，由用户上传分享的 UGC 内容可通过天气应用软件建立一个巨大的数据交换平台，这不仅可以为专家提供分析的依据，也可以在更广大的范围内监测环境的变化，有助于大幅度提高污染、灾害预报的及时性和准确度。

未来的天气应用软件，可能是一款兼具个人信息管理与用户参与型数据收集功能的气象防灾专业软件。它不仅会成为人类生活的好助手，还能为社会公益作贡献。

第五章　电视媒体融合新媒体发展的转型路径

在"三网融合"快速推进的背景下，如今的百度、搜狐、阿里巴巴、腾讯等头部企业都不惜花重金开办网络视频业务。面对网络视频市场的激烈竞争，传统电视媒体在与视频业务相对成熟的商业视频网站及其他非电视台视频生产机构进行横向联合的过程中，通过实施节目资源输出与输入策略，借助在专业技术、人才队伍、知名品牌等方面的先天优势，延伸了自身的产业价值链，增强了市场竞争力，扩大了社会影响力。

有了互联网时期互动融合的基础，电视媒体的未来将融入更大的媒介系统，即一个集人性化、生态化、场景化于一身的媒介生态系统。电视媒体与其他各类新兴媒体共建、共营的生态圈将成为未来媒介互动的主题。

第一节　电视媒体整合网络视频的策略与实践

网络视频凭借其网络终端的先天条件和技术优势，不再被传统电视媒体的时间、地域、容量、被动接收所限制，分流了电视媒体的内容、受众、广告等资源，弱化了电视媒体的社会影响力及市场占有率。然而，拥有节目资源、品牌口碑、专业技术、人员素质等差异化竞争优势的传统电视媒体，在竞争中找到了与其他网络视频媒体融合发展的结合点。

一、电视媒体与短视频资源的内容整合

国内传统电视对非电视机构生产的影像资源的开发和利用始于 21 世纪初。2001 年底，凤凰卫视《DV 新世代》栏目的开播，标志着民间影像与传统电视的正式"联姻"。2002 年初，成都电视台率先在新闻栏目《每日报道》中推出"DV 新闻大赛"。DV 在新闻节目中的出现，不仅是新闻主体意识的一种转变，也是媒体遵从多视角报道新闻主旨的一种体现。之后，众多电视台相继开办了各种固定 DV 栏目，在这些栏目中展示了大量来自社会各阶层的具有原创性、实验性、纪实性的 DV 作品。DV 栏目的开办在丰富传统电视传播内容的同时，也有力地推动了民间影像的健康发展。时至今日，随着短视频等更具广泛意义的民间影像制作的进一步发展，传统电视对民间影像资源的开发和利用的内涵及外延也在不断扩展。

与过去的 DV 民间影像不同，当今的网络短视频拥有与生俱来的网络传播渠道优势，并形成了独立的传播体系，如此，传统电视就可以与网络短视频传播机构建立起更加广泛的合作关系。实践证明，电视媒体兼收并蓄了大量来自民间的珍贵影像资料，让普通草根民众成为新闻传播的参与者，更重要的是在传统电视媒体与新兴的网络短视频站点之间形成了一种更加专业、广泛、深层次的良性互动合作模式。

在传统电视媒体与新兴网络视频网站的合作中，短视频不仅能成为电视媒体丰富的信息资源库，还能借助自身具有的开放性、分享性与交互性等特点，为传统电视媒体提供一条畅通的信息反馈渠道，以及多元化新闻视角，打破传统电视的单一性格局，从而实现传播过程的循环与互动。与此同时，传统电视媒体也以积极主动的开放姿态，借助短视频线索挖掘深度新闻，扩大信息来源渠道及反馈渠道，培养民间记者队伍，从而丰富自身的传播内容。对电视媒体而言，这既是一种主观上的积极主动，又是一种客观上的外力推动。曾经有一个统计数据，在全世界新闻信息的披露中，有 70%左右的新闻资讯不是由专业新闻工作者和专业新闻机构提供的，而是由民间非专业人士和非专业机构提供的。换言之，在事实信息的提供方面，多元化的参与可能越来越多。短视频的兴起也进一步表明，事实信息的提供越来越多地表现为多元化参与的深度和广度。

由于拥有地缘优势和新闻获取接近性的便利，短视频等使许多市井社会新闻或突发新闻可以在第一时间被报道，在时效性上超越了传统电视媒体。在报道形式上，民间记者的"平民式"的影像表达，更能够展现出传统电视媒体"专业化"影像表达所不具有的魅力，增强了新闻报道的个性和亲和力。如安徽电视台的《第一时间》、湖南电视台的《晚间新闻》及辽宁电视台的《新北方》等众多新闻栏目，都广泛采用了普通百姓拍摄的影像资料，并取得了良好的传播效果。电视新闻节目中短视频等民间影像内容的不断增加，体现的不仅是电视媒体选择新闻的一种眼光和态度，还是电视媒体更好地借助专业和品牌优势培养草根记者、拓展信息渠道以扩大影响的一种积极进取的方法和行为。

二、传统电视与各类网络视频网站实施跨媒体合作

作为与电视最为相近的互联网服务，网络视频服务是使用最多的服务之一。市场化运作的民营视频企业之所以具有如此强大的生命力，除了资本的助推、经营体制的灵活性及高度的市场化运作之外，还得益于我国电视行业发展的分散性结构。目前，我国有200多家电视台，2000多个频道，几千家影视制作公司，产业格局极度分散，这就为商业网络视频网站创造了难得的发展机会。例如，与优酷网合作的一线媒体已经有260多家，不仅包括上海卫视、北京电视台等主流电视媒体，还包括中影、华谊兄弟等电影公司。其行业发展态势及社会影响日益壮大，这也应验了麦克卢汉对媒介影响力的推断："媒介的影响之所以非常强烈，恰恰是另一种媒介变成了它的'内容'"。而媒介"内容产品通常由三个层面构成：第一个层面是独立的内容产品元素，主要包括文字、声音和图像，这些元素构成了内容产品的创作素材；第二个层面是内容作品的逻辑关系，主要构成是'创意'，它是内容核心价值所在；第三个层面是内容产品的集成，围绕内容产品的核心价值，可以生产出一系列内容产品，从而形成产品价值链或者产业链"。从这方面的实践看，全球知名视频网站PPLive通过与上海文广集团、湖南卫视、凤凰卫视等众多电视媒体建立战略合作关系，使得全球近1亿的PPLive用户可以通过网络实时观看合作电视媒体的节目。一方面，其用户的选择面有所增加；

另一方面，电视媒体借助网络视频网站的传播优势，拓展了传播渠道，延伸了自身的产业价值链，从而实现了战略合作上的双赢。

与传统电视媒体相比，虽然各类网络视频网站具有数量上的优势，但不代表其传播内容和节目质量也具有优势。节目内容的匮乏，尤其是原创性节目内容的匮乏一直都是制约这类网站进一步发展的瓶颈。其内容结构与美国的视频网站正好相反，影视剧资源占据 70% 左右，而用户原创生成的内容仅占据 20% 左右。我国网络视频网站上的原创内容不但数量少，而且在质量上也难以与传统电视媒体相提并论。这种情况恰恰给传统电视媒体提供了大展身手的机会，即充分利用高素质采、编、制作队伍，以及新闻传播的主导权和专业品牌认知度高等方面的优势，借助各种网络视频网站的传播渠道和日益兴盛的人气资源，延伸自身的产业价值链，增强市场竞争力，赢得更多的受众。

除了实时输出节目资源外，电视媒体还可以借助网络视频网站的传播渠道盘活以往积累的影像资源。我国的电视事业已经发展了数十年，经过几代电视工作者的奋斗，积累了丰富的影像节目资源，在强调"内容为王"的网络时代，这些节目资源将是传统电视媒体手中一个强有力的竞争"筹码"。例如，中央电视台等近百家电视媒体与国内知名视频网站悠视网共同开展了内容整合播出和互动服务的合作，通过对电视媒体以往影像资源的深度开发和整合营销，电视媒体不但获得了在互联网上扩大其节目影响力的有效途径，还通过节目内容的嵌入式广告获得了不菲的经济收益。目前，电视媒体所拥有的节目资源优势，恰好是网络视频网站在发展中的先天不足，双方如若搭建一条垂直整合节目内容的产业价值链，通过多次整合与开发，加上双方在传播渠道和受众人气的有效互动，就可以实现电视台品牌从传统媒体向多媒体品牌的延伸与市场价值的提升。因此，电视媒体实施跨媒体合作策略、盘活资源及与各种网络视频网站建立战略合作伙伴关系就成为一种明智的选择。

三、电视媒体与电信行业合作拓展移动网络传播

由于人类对空间位移便利性的永恒追求，为受众提供移动网络电视服务已经在广

播电视和电信行业中全面展开。但目前"三网融合"中的行业利益之争、标准不统一导致传统电视媒体和手机等移动电视业务发展缓慢。中国移动、中国电信、中国联通等企业在大力发展手机电视业务的同时，在 IPTV 建设方面也具有很强的竞争力。面对机遇和挑战，电视媒体如何开展手机等移动电视业务并在竞争博弈中保持优势，如何与电信行业进行战略合作实现互利共赢，已经成为传统电视媒体必须面对的现实课题。

电视移动化的实践始于新加坡。2001 年 2 月，新加坡人首先把电视安装在公交车上，并启动了电视追逐观众、寻找观众的进程。电视机走出家庭，从固定的收视状态逐步渗透到移动收视状态，对室外空间的覆盖其实是对传统收视空间盲区的弥补。随着移动网络技术的进一步发展，"如果说第四媒体使人'黏'在网上，那么第五媒体则使网'黏'在了人身上"。而手机电视就是使电视节目"黏"在用户身上的典型代表，因为手机电视满足了用户随时随地的收视需要。不难预测，未来的手机电视媒体将成为移动时代的"终极王者"。"作为移动信息终端，手机是移动媒体移动化最重要的激励者，是适应人的生活方式变化的最重要的信息平台，也是传统媒体理念的最重要的挑战者"。

市场营销领域有一种策略，被称为"资源互换"，即合作双方在不增加成本的基础上，以现金或股权股价的方式向对方转让资源，从而形成共赢的局面。传统电视媒体与电信行业合作共赢的成功案例始于 2006 年凤凰卫视与中国移动在资本股权方面的横向联合。当年中国移动斥资 12 亿港元收购星空传媒集团持有的 19.9%凤凰股份，根据双方签署的战略合作协议，中国移动和凤凰卫视共同开发与无线媒体内容有关的产品和服务，凤凰卫视以优惠的条件直接接入中国移动的网络，享受中国移动的用户资源，而中国移动则优先获得凤凰卫视的影像节目资源。随着 5G 时代智能手机用户群的不断扩大，传统电视媒体的节目资源优势促使节目资源相对匮乏的电信运营商以积极的姿态与传统电视媒体进行合作。当前，内容依旧是移动化媒体发展的瓶颈，由于内容制作不是电信行业的本行，即使与广电部门达成"善意合作"，广电部门以前制作的节目也必须经过改造才能在手机平台上播放。从广电系统看，虽有能力制作节目，但缺乏市场运作经验和制作手机电视节目的积极性。对社会力量来说，手机电视业务的发展还处于萌芽时期,在盈利模式不明晰的情况下,还在犹豫不定地试探。这些因素正是导致当前移动网络电视节目供应严重不足及不能满足消费者对移动电视节目需求的根源所在。

面对机遇和挑战,传统电视媒体与电信行业既是竞争对手又是合作伙伴,因此以下内容应该成为主导未来市场竞争的策略:

第一,电视媒体变成无线运营商,即电视媒体不仅要提供电视节目,还要从无线运营商那里购买数据,从而为受众提供数据服务。

第二,电视媒体从无线运营商那里获得股份,这种基于用户订阅基础和营业收入分成基础的合作模式是电视媒体获得更大控制力的另一种竞合方式。

第三,电视媒体与无线运营商建立排他性的合作关系,不仅有助于双方在短期内迅速占领市场,而且有利于双方进行可持续长远合作。

四、网络视频传播对电视媒体的影响

尽管新兴媒体与传统媒体在信息源、传播内容、传播方式、受众类别等方面有着很大的差异,但强调互动、分享、自由表达与个性创作等传播特征的网络视频传播,不仅对传统电视的传统观念、道德规范、新闻价值观提出了挑战,而且对传统电视的受众观念及媒介话语权等体制内容也产生了重要的影响。

(一)网络视频传播使传统电视的受众从客体变为主体

从信息制作的参与方式看,在社交网络视频分享传播时代,任何一个受众既可以是信息的制作者、传播者、接受者、消费者、把关者,也可以集这五者之中的几个或者全部角色于一身。从这个意义上说,以抖音、快手为代表的网络视频分享传播的出现使传统意义上的受众角色定位发生了质的改变,最突出的表现在于受众自制影像节目的大量涌现,这时的受众拥有随时发布个人见解、编辑个人节目、制作影像内容并将之传播出去的能力。受众只需一部智能手机,就能把自己想拍的影像拍下来,并上传到网络上进行传播,甚至还可以申请一个属于自己的视频分享网站。于是,大众的电视变成了个人的电视，传者本位变为受众本位，大众化变为个性化，用户不仅拥有了自由，还拥有了"自我"，这时的用户不单单是信息接收者，还成为变被动为主动的信息传播主体。

（二）网络视频传播颠覆了传统电视媒体的内容制造权及社会监察垄断权

在传统媒体时代，传播权及内容制造权是传播机构所拥有的，但视频分享传播的崛起颠覆了这个权力结构，开创了"全民视频分享"的新时代。这个转变的关键点在于促使"使用者主导的内容"进入社会传播的主流。在这种传播效应下，"使用者主导的内容"日见普遍。在娱乐节目方面，普通网民也可以当上导演，制作节目，并在网上及电视上传播。十几年前的《一个馒头引发的血案》就是网民参与的例子。该片短时间内就在网上流传开来，成为网友议论的焦点，迅速风靡各大论坛和网站。就像《一个馒头引发的血案》的表达方式那样，人们在网络短视频传播时代的浪潮中充分张扬个性，而许许多多"自主表达"的个性将构成社会民主的整体概念。

同样在新闻领域，公民新闻是由普通市民提供新闻信息，并由市民直接监督并做出报道。一些公民新闻网站已经颠覆了记者与读者的关系，开创了"人人可以当记者"的时代。另外，在传统媒体时代，公众一般把监督政府及社会的任务交给了新闻媒体，由它们充当"政府守门人"，于是享有"第四权"地位的新闻媒体掌握了监督权，一般老百姓也要通过它去进行社会监督。但"自从有了 YouTube 等分享视频类网站后，网民可以把身边遭到的或见到的不公正事件直接上传到网站，从而掀起全民监督的风气"。

（三）网络视频传播促使传统电视从业者的传播理念发生变化

在传播理念层面，网络视频分享传播冲击着传统电视从业者的观念意识和思维方式。传统意义上的媒体竞争意味着信息的简单获得，各媒体单位（电视首当其冲，报纸、广播等也不例外）为争得最具时效性的新闻且在最短时间内将之发回编排并传播出去可谓竭尽全力，不仅需要配备最佳资源，还要安排若干梯队以接力方式传递。但在网络视频分享传播时代，这种劳心劳力、只为将人们早晚都会知道的新闻信息提前5分钟播出的"独家报道"式的竞争方式将不复存在，因为网络视频分享传播会在眨眼之间为所有希望传递新闻的人将其所需传递的信息进行复制、输出和送达。这样，取而代之的就是变线性传播为网状传播，如何从新颖的角度去分析新闻的要点、挖掘新闻的深度、拓展新闻视角的广度成为竞争的价值所在。这就要求传统电视从业人员不仅要报道一个平面的事件，还要在最短的时间里立体化地向纵深处用大量事实资料佐证和分析新闻事件的来龙去脉及前因后果，这才是真正意义上的时效性竞争。为此，从业人员的思维方式应从传统电视传播思维逐步过渡到网络视频分享传播思维。传统电视在面对变化中的节目市场时，要建立更具活力、更具竞争力的组织结构，改革电视传播模式、组织模式、运营模式、管理模式，从而走出一条更具竞争优势的传播之路。

第二节 电视媒体参与县级融媒体中心建设的新路径

当前，以县级广播电视台为主体的县级融媒体中心建设正在如火如荼地进行，各地都在积极探索县级融媒体的建设及运营之路。

县级融媒体中心作为地方媒体整合的产物，具有特殊意义，它不仅为地方电视媒体转型提供了新思路，也弥补了媒体融合微观层面的空缺，走出了一条融合"下沉"之路。作为媒体融合纵深发展的"最后一公里"，县级融媒体中心建设在近年来发展迅猛。我国县级媒体主要指广播电视，即电台和电视台，它是自1983年以来在国家"四级办台，混合覆盖"方针指导下产生的。而县级融媒体中心则是指"以互联网为平台，以信息技术为支撑，以新媒体化为方向，以融合创新为手段，以舆论引导为主责，以服务群众为宗旨，负责统筹县域各种信息的生产、汇集、交互、分发流程的机构"。

一、县级融媒体中心建设的缘起和现状

在中央级与省级已经陆续建立融媒体中心的基础上，之所以建设县级融媒体中心，有两个原因：第一，由于改革开放以来几次媒体治理矫枉过正，我国媒体现已严重脱离基层群众，政府舆论引导能力被削弱，而县级融媒体中心建设是政府密切联系群众的重要渠道，是国家意识形态工作的要求。第二，县级媒体由于所处的空间有限，其社会资源和媒体资源相对不足，媒体创新力和市场化程度也相对较弱，长期处于经营不善、政府兜底的困境中，因此县级融媒体中心建设的提出给县级电视媒体带来了新的发展机遇。

国内研究者普遍将 2018 年视为县级融媒体中心建设元年。2018 年 9 月 20 日，中共中央宣传部（以下简称"中宣部"）在浙江湖州市长兴县召开了县级融媒体中心建设现场推进会，对各地在建设县级融媒体中心过程中的成功经验进行了介绍，探讨了其中仍旧存在的问题，并对在全国范围内推进县级融媒体中心建设做了整体部署，要求 2020 年底基本实现县级融媒体中心的全国覆盖。其中，2018 年先行启动了 600 家，并确立了建设的时间表和任务书。2018 年 11 月 14 日，中央全面深化改革委员会第五次会议审议通过了《关于加强县级融媒体中心建设的意见》，文件指出，组建县级融媒体中心有利于整合县级媒体资源、巩固壮大主流思想舆论。2019 年 1 月 15 日，受中宣部委托，国家广播电视总局组织编制了《县级融媒体中心省级技术平台规范要求》，规定了对县级融媒体中心提供业务和技术支撑的省级技术平台规范要求。上述两个单位联合发布的《县级融媒体中心建设规范》对县级融媒体中心技术系统建设的总体架构、功能要求、基础设施配套要求、关键技术指标及验收要求等给出了具体的指导意见。

县级融媒体中心建设在全国范围内推进之后，取得了丰富的成果。总体来看，"目前县级媒体已经开始通过不断学习，运用新技术、调整机制，在内容生产、传播渠道上不断创新，在自主经营、单一运作等环节逐步向多元化传播的融媒体形态转变，各地的县级融媒体中心建设如同雨后春笋般迅速生长起来"。在政府宣传部门的大力推动下，县级融媒体中心的挂牌工作和试点建设已形成燎原之势。例如，2018 年，北京在两个月内有 15 家区级融媒体中心陆续挂牌，完成了区级融媒体中心的全面布局，而地方区县，从陕西、重庆、河南、湖南到吉林、内蒙古、江西，其县级融媒体中心也都陆续成立。

二、县级融媒体中心建设的实践探索

在县级融媒体中心建设的研究领域中，有相当大一部分是就具体案例对建设过程中的实践经验进行介绍与分析，从微观角度展现了县级融媒体中心建设的现状。

（一）案例分析

这一领域中最早的一篇文献就是案例分析，作者张裕定任职于浙江省宁波市奉化区广播电视中心，他从搭建全媒体平台、报道突出本地特色、积极参与掌控舆情话语权、展开线上线下互动等几个方面介绍了奉化区融媒体中心建设的做法。王晓伟以长兴模式为例，从顶层设计、整合资源、优化架构、培养人才队伍、优化工作流程、建立新兴传播矩阵宣传、创新技术驱动，以及创新内容生产与产业运作模式等方面介绍了长兴县之所以成为县级融媒体中心建设示范样板。刘勇对玉门经验做了详细的介绍，并将其模式概括为"新闻＋政务＋应用服务"。施亚军在介绍安吉模式时指出，安吉新闻集团在县级融媒体中心建设的过程中最突出的特点就是重视声音元素，探索出了一条以聚焦乡村议题、突出暖心话题、直击现实问题，以及倾听百姓心声、为群众提供服务的新型传播道路。此外，邳州、项城、吉林、延庆等地区的融媒体建设也作为典型模式常常被研究者提及："邳州模式"最大的特点是以县级广播电台为中心展开媒介融合；"项城模式"突出了县（市）级宣传部门的主导作用；"吉林模式"注重联通上级，省市县联动助推县级媒体打造自己的融媒体中心；"延庆模式"则依靠平台创新和技术支撑对原有传播格局进行改革。

（二）县级融媒体建设介绍

除了一些典型的模式，来自不同单位的研究者还对其各自所在地的县级融媒体建设做了介绍。马宪颖介绍了北京大兴区整合机构，在全区内形成"1＋3＋3＋226＋N"的传播格局，即一个融媒体中心、三家传统媒体、"两微一端"、226个区内新媒体账号，以及N股区外宣传力量。刘春青对地处闽中的尤溪县的融媒体建设情况做了介绍，尤溪县广播电视台通过将内容落实到基层群众中，引进、留住新媒体人，搭建符合县情、更具实用性和操作性的融媒体平台系统，推出符合民生的各种智慧服务等措施，使当地媒介融合取得了初步成效。欧阳丽娟介绍了厦门海沧区高位嫁接新华社新闻信息中心资源，通过整合区级媒体人员、功能、机构、平台、技术等资源，建成了"上接天线、下接地气，海沧特色、新华味道的新型传播平台"。蒋凌昊则以广西崇左为例，介绍了边疆少数民族的县级融媒体中心建设情况，指出该地区目前已经进入加快组织架构内部通融，实现内容、技术、渠道三方共享的第二阶段建设。

还有研究者介绍了中央媒体在县级融媒体中心建设领域的实践，如文晶介绍了新华社对县级融媒体中心建设给予的支持，依托现场云平台通过技术赋能、人才赋能、渠道赋能、营收赋能，破除地方媒体在技术、资金、人才、机制、内容等方面的难题。

（三）典型模式提炼

更多来自学界的研究者通过实地调研或是对文献中具体案例的分析，从更宏观的层面提炼出了当下县级融媒体中心建设中技术平台的几种典型模式，大多数研究者赞同将其分为县级自建融媒体平台和接通上级融媒体平台两种类型，但也有研究者提出更细致的分类，朱春阳将现有的所有建设模式概括为"单兵扩散"和"云端共联"两类。"单兵扩散"模式，是指将县级广电、报纸，以及政府内部机构设立的宣传资源整合起来，完成"自我整合"，并在此基础上尝试与外界资源对接。"长兴模式"就是这一模式的第一样本，安吉、邳州、项城等模式也被归入此类。"云端共联"模式，是指将区县媒介资源接入上级媒体的"融媒体云"之中，借助上级融媒体系统完成本地融媒体中心的建设。人民日报社的"中央厨房"，新华社的"现场云"，浙报集团的"浙江媒体云"，江西日报社的"赣鄱云"等，均属于此类。"单兵扩散"模型强调对县级内部资源进行整合，其发展的自主性较大，但也容易因为独立发展而与国家宏观层面的融媒体系统脱节。"云端共联"模型注重与上级融媒体进行对接，这种方式成本较低且简单高效，但是县级政府与媒体自主性建设的空间有限。田丽的划分与朱春阳的基本一致，认为目前县级融媒体中心建设主要存在"全省部署"与"县级探索"两种模式。郭全中在此基础之上，总结了四种相对成熟的县级融媒体中心建设模式：其一，以浙报集团的"天目云"为代表的省级融媒体平台；其二，浙江的长兴传媒县级融媒体；其三，构建了"新闻＋政务＋服务"发展路径的湖北广电集团的"长江云"；其四，通过拓展多元服务成功实现自主运营的《瑞安日报》。陈国权等则在县级自建与接通上级平台的基础上进行了细分，分为县级自办、邻县合办及托管模式三种。谢新洲通过实地调研，也总结了四种典型的发展模式：借助市场产业化运作的长兴模式；与省级媒体平台合作的分宜模式；县级电视台为建设主体的玉门模式；县委宣传部主导建设的农安模式。

三、县级融媒体中心的现实困境与推进路径

尽管县级融媒体中心建设已初具规模，但从全国范围来看，成功案例并不多，县级融媒体中心建设在属性变革、技术平台搭建、资金来源、部门整合、人才培育、内容建设等方面仍然存在重重困难。有学者认为，各地纷纷挂起融媒体中心的牌子，仿佛一夜之间完成了改革，但是这种改革的方式极容易留下形式主义的隐患。"县级融媒体中心的改革应当是县域媒体的深刻变革，涉及体制改革、资源整合、流程再造和传播网络重塑等诸多方面"。县级媒体在进行融媒体中心建设时，自我中心主义思想仍然很严重，仍以广电思维方式为主，没有使改革的思路与互联网逻辑同频，这是实践层面的困境。黄旦将仍以自我为中心的融媒体中心建设思维比作用圆规画圆，他认为，无论其圆周多大，均脱离不开一个支撑点，由此出发然后闭合环绕。按照这样的建设思路，无论资金与政策的扶持力度有多大，仍是在陈旧的生产模式上的"增量"改革，而非在"存量"上下功夫。

因此，县级电视媒体要想成功实现转型，首先需要实现思想层面的"破"与"立"，既要意识到外部媒介生态的严峻性，又要克服对新兴媒介技术及其运作逻辑的抵触情绪，以及由变革的不确定性带来的危机感。县级电视媒体应当敢于跳出自身的舒适圈，

敢于离开自身的圆心，而以互联网的去中心化逻辑为重心进行思考，敢于在存量上进行变革，对既有的生产逻辑及资源进行扬弃，简言之，就是要将"互联网＋"的思维贯穿于融媒体内容生产及产业运行的各个环节。传统媒体只有逾越了思维误区，才能克服对新媒介环境所产生的恐惧与敌意，以在互联网环境中找到自己新的使命、重新拥有强劲的生产力为目的，更主动地进行变革，从而在普遍存在的现实困境中，积极推进科学有效的建设路径。

（一）体制属性

改革后的媒体单位采取事业体制还是企业体制，是当前县级融媒体中心建设中的关键问题之一。一方面，传统的事业体制已显露出种种弊病。由于没有实行企业化管理，大部分县级媒体缺乏市场竞争力和改革动力，引用基层媒体从业者的话更能说明这种矛盾性，"现有体制把你的手脚捆起来，却要你到市场去游泳，管理方式按照机关事业单位管理，运行的却是市场化模式，不好解决"。另一方面，企业体制的缺陷也不能忽略。在"事业单位企业化管理"模式下，新闻逐利现象频频出现，在盈利压力下，新闻质量普遍下降。因此，有研究者强调"县级媒体改革需要走出市场化误区，不能将媒体像甩包袱似的推向市场，这容易忽略媒体的社会责任与公益性质"。更有研究者指出，自改革开放以来，我国传媒业已经积累了相当丰富的服务群众的经验，但却缺乏引导群众的经验，当下改革的重点应当回到做一个好的事业，而非仅仅更好地进行企业化管理。

对县级融媒体中心机构性质的选择，一般有三种方案：第一，不设立独立的机构番号，只临时组建工作团队；第二，设立独立机构番号，事业单位性质的居多，其中又分为公益一类、公益二类；第三，以企业的性质运营。但究竟选择哪一种机构设置方式，需要考虑各县市区人口数量与经济状况等实际情况，切忌一刀切，要因地制宜。总体而言，采用公益事业单位的性质更符合大多数县级媒体的实际情况，对有条件的县来说，还可以实行企业化管理，但需要进行严格意义上的事业企业"两分开"。

（二）技术平台

县级融媒体中心建设过程中的另一个问题就是技术平台搭建。融媒体技术平台的搭建大致需要三种技术，即解决通信问题的基础设施服务技术（IaaS），解决平台运行中计算问题的平台服务技术（PaaS），以及解决用户接收端技术应用问题的软件服务技术（SaaS）。目前，各个县级融媒体中心很少得到自建技术系统的权力，而是由省级技术平台统一承担，但省级技术平台又由谁来负责建设，县一级的职责是什么，县级与省级的责权如何分配，都是改革要面临的问题。

现阶段技术平台搭建模式主要有县级自建技术系统和通过云技术接入上级技术系统两种，但区县具体选择何种技术搭建模式，目前仍存有争议。一部分研究者认为县级媒体特别是经济落后区县的媒体目前几乎没有能力来搭建，因此"嵌入上级平台，形成广泛的社会联结应当是未来县级融媒体中心发展壮大的主要方向"。另一些研究者则认为县级融媒体中心的运行不能完全依赖上级媒体，"省级媒体用的技术系统建设模式削弱了县级媒体的自主权，容易致使其参与积极性不高"。由此可见，选择何种技术平台搭建模式应当具体问题具体分析，不能一概而论。整体基础薄弱的县，应当借助省级平台，从无到有；具备融媒体建设条件的县，应当适度发挥主动性，从有到精；县级融媒体建设较为成熟的县，应当设定更高的标准，更好地服务群众。

（三）资金来源

资金来源成为现阶段县级融媒体中心建设中面临的另一重困难，也是最根本的问题之一，主要体现在：第一，融媒体中心建设的启动资金如何获得；第二，维持县级融媒体中心运作的资金从何而来。融媒体中心涉及平台、技术、服务等购买问题，前期需要投入大量资金，对很多区县，特别是经济落后区县而言，启动资金不足是其面临的首要问题。县级融媒体中心建设要实现可持续发展，还需要解决长期的资金投入和收入来源问题，这被研究者形象地称为"输血"与"造血"。一次性的财政投入很难维持县级融媒体中心长期运作的需求，除了极少数率先实现了市场化经营并能获得盈利的区县，大多数区县媒体商业规模小、层次低，缺少广告资源，仍处于入不敷出的局面，"造血"功能不足。

县级融媒体中心建设应当遵循先"输血"后"造血"的路径，即先得到当地及上级政府财政的支持，再与市场积极接轨，通过经营获得日后运营的资金，而且各相关媒体单位之间要有合作意识，而不是各自分走财政拨款，应当一起"做蛋糕"，而不是仅仅"分蛋糕"。政府可以通过渠道保障、直接补贴、购买服务、减免税费、资源支持，以及项目扶持等方式对县级融媒体中心建设进行支持。但国家财政投入有限，容易在全国范围内出现"僧多粥少"的局面，因此"各县级融媒体中心应当共同做大市场蛋糕，构建一个良好的媒介生态环境，而不是薅一次羊毛就走"。换言之，县级融媒体中心需要在经营方面做出更积极的努力，这样才能解决可持续发展中的资金问题。目前，解决县级融媒体中心的经费来源问题有三种方案：第一，由国家财政完全承担其运作经费；第二，成立初期由财政投入经费，一旦运营走上正轨，便自负盈亏；第三，从建设初期便采取市场化模式，以"造血"的方式维持整个发展过程。诚然，从初期"输血"到最终迈向自我"造血"是更为可行的方式，但究竟选择哪种模式，仍然有待检验。

（四）机构整合

由于对"媒介融合"仍缺乏透彻的理解，县级媒体对各媒介单位、部门的整合往往只停留在表面"合署办公"与机械"相加"的层面，并未从"增量改革"转变为"存量改革"，很大程度上仍停留在"身融心不融"的局面。媒体融合的重点在于将分散在各类媒体单位的内容、人才、市场、技术等资源整合到一个平台上解决，这就要求媒介要打破原有单位与部门之间的壁垒，但许多地区的融媒体中心建设只是为了完成任务的合署办公，即让每个单位出一个人到融媒体中心坐班，延续着改制前"你干你的、我干我的"的工作方式。主管机构不明确又导致了县内相关机构各自为政，难以协调联动，呈现"九龙治水"的状态。其中，机构番号的问题又是造成这一现象的主要原因，由于大多未拥有独立机构番号，融媒体中心便只能"硬着头皮"进行表面上的融合，进而陷入自我重复与消耗的"内卷化状态"，在组织机构整合中常常出现重复建设、不分轻重的现象。一方面，很多区县有多家媒体，使得媒体功能重合、内容同质、力量分散，而政府宣传部门与专业媒体也缺乏整合，各自为政，造成了资源的分散与浪费，反而降低了政府与公众沟通的效率。另一方面，真正的改革并非救活所有媒体，融媒体中心建设应秉持扶优扶强的原则，即"鼓励实力强、技术领先、市场化水平高的组织机构去整合实力较弱的组织，但在实践中，不少地方却平均用力，甚至扶劣扶差"。

对组织机构整合的问题，融媒体中心在经历了原有媒体单位之间的简单相加之后，应当快速进入第二阶段的融合，即"加大组织内部的融合力度，实现内容、技术、平台、市场等资源的共享，通过打通融媒体中心的内部机制，使之变成一个具备传播合力的有机体"。这就需要根据互联网特点重新设计融媒体的结构，打破原有的管理层级和职能划分，实行扁平化管理、多职能赋权，实现横向、纵向的联合。

（五）人才队伍建设

县级融媒体中心在人员队伍方面也存在一些问题，包括领导者的选择，原有人员队伍老化，原有人事制度难以吸引人才，等等，但最突出的问题则是"两个一把手"的缺失。所谓"两个一把手"，就是当地主政领导和县级融媒体中心的一把手。由于地方主政领导往往更加重视经济建设、扶贫等工作，缺乏对媒介融合的理解和重视，而且短时间内也难以找到一位具备综合素质的县级融媒体中心主任。就人才短缺问题而言，"88.9%的县级融媒体中心表示人才储备有限是当地媒介融合的重难点"。目前，县级融媒体中心还存在着队伍庞大，人员冗杂，员工学历普遍偏低，年龄结构整体老化，缺乏接受新观念的能力，缺乏用户思维，整个队伍欠缺对市场的把握能力等弊端。由于欠缺培训机制，原有员工能力难以提升，缺乏与引进人才相匹配的待遇措施，难以吸引优秀人才，尤其是技术人才；人员编制紧张，绩效考核不成熟，缺乏职务晋升通道，这不仅难以激发在岗人员的工作积极性，还使得人才"引不进、留不住"。

因此，在人才队伍建设问题上，要做到以下几点：

首先，要重视"两个一把手"的问题。中央应当重视将媒介融合精神传达给各地区行政负责人的工作，从而引起其对融媒体中心建设工作的重视；选任一名传媒业务能力较强、对改革有较强的意愿和决心、执行力较强的县级融媒体中心主任。

其次，对由于人员结构不合理，编制紧张，待遇、绩效考核及晋升制度不合理等原因造成的人才短缺的问题，应当对症下药。比如，编制问题，要尽量扩充编制数量，并且对原先在编人员的编制做出适当的调整，进而通过调整绩效考核制度，向采编一线倾斜，多劳多得，少劳少得，奖优罚劣，奖勤罚懒，同时还要重视奖励的及时性，而不是开空头支票。就原有人才的培训与转型而言，采编队伍要精兵简政，以培养一批能拍摄、懂直播、可出镜的一专多能的全媒体记者。可以通过政策鼓励原有员工转型，纳入从事经营服务的队伍中。对于技术人才引进难、留住难的问题，可以建立"人才候鸟"机制，从人才"为我所有"转为"为我所用"，即除了建立自己的技术团队，还可以通过与专业技术团队签订劳务协议或者合作协议的方式解决一些重大技术难题。

（六）内容建设

内容建设是县级融媒体中心建设的核心工作，包括内容生产与内容分发。县级融媒体中心在内容建设方面面临的核心问题是内容难以吸引受众，由此使得其传播力与影响力受到限制，难以实现"引导群众、服务群众"的目标。究其原因，在于其没有透彻理解"引导群众"和"服务群众"的关系，没有摆脱传统媒体高高在上的单向传播思维，没有换位到用户的角度，以用户的思维思考内容生产。

由于存在央级媒体、省级媒体、各商业媒体平台等众多"竞争者"，县级融媒体难以通过有限的信息吸引用户，而且县级媒体的市场化程度较低，对用户需求的把握能力较弱，其内容质量也比较低劣，主要体现在：第一，新闻报道的内容与呈现手法相对陈旧，大多仍以当地领导活动、工作动态等时政新闻为主，存在时效性弱、主题性不强、生动性缺乏等弱点；第二，县域有限，可报道的新闻素材匮乏，不得不通过提高重播率，引进廉价电视剧，播出低劣产品、医药广告等以填充内容，这极容易招致用户反感；第三，受熟人社会的牵制，碍于情面，缺乏高质量、批判性和舆论监督的报道。除了新闻报道，现阶段由县级融媒体中心提供的服务产品存在内容混乱、导航复杂、模块冗余等问题，呈现出政务服务与民生服务混为一谈的现象。

若要解决县级融媒体中心在内容生产方面的缺陷，就要在思维层面重视用户思维，协调好"引导群众"和"服务群众"的关系，在实践层面重构新闻生产流程，通过技术平台，为群众提供便捷的生活服务。从新闻生产流程的再造角度来说，应明确新闻报道的舆论引导职能，专业媒体要想"引导群众"，需要在事件发生的第一时间抵达现场，第一时间把真相传播出去，以阻断虚假信息的传播，这又进一步要求新媒体部门的人力资源处于绝对领先地位。除了以舆论引导为首要职能，新闻报道应当将用户对内容的喜好与需求融入报道的内容与形式中。从选题环节来看，县级融媒体中心应尽可能发挥本地优势，重视民生与社会新闻报道，从小切口入手，考察社会问题。在采编与内容制作环节，既要向上对接中央和省、市属媒体，实现新闻量的增长，又要建立县域舆情的响应系统，打通乡镇、社区等下级组织单位政治、经济、文化各领域的信息与数据，给民意更多下通上达的机会和平台。从分发和互动环节看，其内容生产应当遵循"一次采集、多种生成、多元传播"的路径。

对政务、电子商务、文化，以及包括医疗、教育、卫生、水电等在内的公共服务平台的建设是县级融媒体中心增强用户黏性的重要抓手。若只进行新闻内容的生产，就很难与其他媒体竞争。县级媒体应当利用本地优势，以提供多元服务为抓手，重新获得用户关注，增强用户黏性，最终实现县域媒体舆论引导力的提升。县级融媒体中心服务平台的建设，可以通过以下几种方式：

第一，依托专业团队，为相关部门搭建宣传展示服务窗口。

第二，应当重视用户数据的挖掘与分析，更清晰地了解用户所需。

第三，通过电商、旅游等将当地特色资源产品化与市场化。

政务服务的提供还需要明确政务信息、办事大厅、举报监督、网络问政服务等四项基本功能，删减无关功能，增补缺失的功能。同时，要注意政务平台的有效性，对接相关部门，及时对民意做出反馈，进而注意维护客户端运行的流畅与稳定，并完善模块设计，以提升用户体验。县级融媒体中心在建设过程中应利用5G的技术优势，创造连接关系，构建县域空间连接及入口嵌套链接，浸入移动场景，量产碎片化音视频内容，提供本地性直播云服务。拾取智能逻辑，装备账号逻辑，构建县媒生态，映射第三空间升级致效模式，加载序列算法智化内容生产，有利于最终构建县城媒介生态，助力县域社会治理。

当前，县级融媒体建设存在发展不平衡、缺乏统一规范、制度保障不足、人员结构不合理、资金来源单一等现实困境。对此，应构建包括功能整合、部门协同、公私合作、制度保障、技术支持在内的县级融媒体整体性治理框架，铺设整合多方资源、协同各方人员、做好强连接、讲好本土故事、社区协同、因地制宜分类指导等本土化建设路径。

推进县级融媒体中心建设是中央从经济、社会发展大局出发，在传播格局发生重大变化的时代背景下推出的重大改革举措。2020 年是我国基本实现县级融媒体中心全覆盖的收官之年。目前，各地大多以县级广播电视台为主体的融媒体中心建设正在如火如荼进行，并在实践中不断探索县级融媒体的建设及运营之路。然而，县级融媒体中心的建设发展是一项专业复杂的工作，需要从顶层设计、体制优化、模式革新等方面探索创新措施。

随着国家战略的逐步推进，县级融媒体中心从"播种期"走向"耕耘期"，逐渐深化成为县域的主流舆论阵地、综合服务平台和社区信息枢纽。县级融媒体要有效覆盖其他层级媒体的报道盲区，对社区服务、社会动员和舆情监测起到独特的作用。在后续的建设中，县级融媒体中心应该加强信息服务的"强人际关系"模式，并将自身置于社会信息系统枢纽的地位来进行功能综合规划，成为县域综合治理平台的智慧枢纽，协助推进国家治理体系和治理能力现代化。县级融媒体中心的出现，使原有政治信任关系中县级政府信息宣传这一中介转型升级为基层政府与公众的互动平台，并成为政府与基层群众之间建立信任的重要渠道。

第三节　电视媒体与新媒体融合发展转型的生态圈

有了互联网时代媒体互融的基础，电视媒体未来将融入一个更大的媒介系统，即人性化、生态化、场景化的媒介生态系统。在这个媒介生态系统中，不同的媒体将在一个动态互动且互相依赖的环境中同时存在。当外部媒介环境发生变化、新技术手段出现并产生影响时，系统中的媒介就会结合内部自然发生的组织功能而发生变化。为了更好地生存，电视媒体就会像生物进化一样，不断寻求与其他媒介建立相互依赖的共生关系，与优势媒介更密切地互动。因此，电视媒体与其他各类新兴媒体共建生态圈将成为未来媒介互动的主题。

一、场景时代下的电视媒体

（一）构建场景时代的"电视＋"生态圈

很久以前，人们就应用了"场景"一词，原意是指戏剧、影视剧中的场面。加拿大社会学家戈夫曼在其著作《日常生活中的自我呈现》中发展了"拟剧理论"，将戏剧中的舞台、角色、表演等概念引入社会互动研究，提出人与人在社会生活中相互之间的行为可视作一种表演，特定的场景给予表演者特定的要求，社会行为随着社会场景的改变而变化。自此，"场景"概念在社会互动理论领域进一步发展，成为更广泛的概念。美国全球科技领域资深记者罗伯特·斯考伯和技术专栏作家谢尔·伊斯雷尔在 2014 年出版的《即将到来的场景时代》一书中指出，以后的 25 年，互联网将进入场景时代。这里所说的"场景"来源于五种技术发展，也是构成场景的五种技术力量，简称为"场景五力"，即移动设备、大数据、传感器、社交媒体、定位系统，它们均是以互联网为基础蓬勃发展的技术驱动力，也是互联网时代和互联网思维应用的共同结果。

场景包括硬要素和软要素。硬要素为场地或物体，软要素为环境和气氛。硬要素与软要素密不可分，软要素依赖硬要素，软要素影响硬要素。场景理论实现了从注重硬件到注重软件的关注点转换，换句话说，场景理论的重心是软要素的智能搭配与传播的场景打造。媒介成为软要素具象化呈现的重要工具，客观硬件的改变不再成为决定场景的主要因素，而社会个体的个人意志、空间氛围成为决定场景特征的主要因素。互联网技术的发展成为实现软要素信息智能匹配和传播场景构建的重要支撑。互联网时代，在时空界限被打破的同时，由原有媒介系统构成的社会场景界限也会被打破，一个固定的空间可以成为工作、娱乐、生活、休息等多个场景的融合。服务于单一社会场景的媒介必将成为过去，能够服务于多场景社会行为需求将成为新时代媒介的要求。在多场景融合的情境中，任何媒介都不可能占据中心化的位置，社会场景的转换、社会行为的改变是以用户需求为转移的，"人"将处于新媒介时代的中心化位置，各类媒介都将朝着更为人性化的方向发展。

随着新的媒介载体如智能手机、平板电脑、可穿戴设备等不断壮大，媒介融合将更加广泛和深入，单一媒体的经营必将逐渐式微。"电视＋"模式的发展是电视互动的新尝试，也是电视与其他媒介融合的新发展，体现了多媒介合力产生的传播模式与效果。这种模式体现的不是"媒介＋媒介"简单的媒介之间的合作，而是"场景＋场景"的场景融合与新的媒介场景的构建过程。移动互联网的成功经验告诉我们，我们需要单一的工具、便捷的操作以满足多样的需求，我们对信息、感官的延伸需求是随时随地的。因此，电视的未来发展可能有两种形态：其一，在家庭环境的固定空间内，电视成为集多种内容、功能于一体的媒介设备；其二，创新媒介形态，集多种媒介业务于一体，融入移动平台。无论是哪种发展路径，电视以单一媒介为王的时代终将过去，在融合发展的过程中，电视必将成为内容更加丰富、功能更加多样的媒介。

"电视＋"是未来电视的一种形象描述，在"电视＋"已有的尝试中，"电视＋游戏""电视＋KTV"等早期电视功能拓展是家庭休闲娱乐场景的巩固与加强，"电视＋电商"是休闲娱乐与购物的场景的结合，"电视＋App"体现的是休闲娱乐、社交、演出场景的结合。当然，电视媒体与电商、App、微信等新媒体的结合也有不足之处和困境，其虽然做到了场景的相加，但在结合的紧密度、排他性、媒介工具的整合化发展方面都差强人意。电视作为家庭空间的重要媒介组成部分，虽然传播载体优势示弱，但传播内容仍然有着旺盛的生命力，这也促使电视媒体随着物理空间的多场景化的变化而不断追求电视场景的多样化发展。在这一过程中，电视的互动功能朝着满足不同媒介构建的场景的不同需求方向发展，这些不同的互动模式也成为不同场景特征的体现。

（二）电视向多媒体的拓展

随着移动互联网的发展，"融媒体""全媒体""三网融合""台网联动"等概念陆续出现，其体现的不仅是新兴媒体与传统媒体的共生之路，还有着同样的内涵实质，即多媒介联动与多媒介的融合。随着广电、电信和互联网融合背景下的媒体边界拓展，即信息通信技术服务和应用的有机结合发展，各类媒介正朝着汇聚成一个统一复杂的媒介系统的方向发展，这一系统中的不同要素相互融合、促进，互为工具，互相支撑，从而形成多媒介互动的复杂网络。

互动的世界给电视媒体的发展带来颠覆性的挑战的同时，也提供了一个机会：电视以内容为基点，向多媒体的领域扩张，以此凝聚更多忠实的观众。电视也深刻地认识到了这一点，从三心二意地谈论网络产品，转变为大张旗鼓地实施数字计划。在互联网发展阶段，电视媒体不再故步自封，而是开始与其他媒体交流合作，优化内容，拓宽渠道，以求在整个媒介系统里占有一席之地。场景时代，越能同时满足多样场景需求的媒介，其生命力就越强。移动互联网打破原有各场景的空间界限，使"场景"有了颠覆性的发展，人们可以不必拘泥于物理空间的限制，随时随地进行娱乐、休闲、工作、购物、社交等以往要在不同场景中进行的人类活动。当互联网打破"客厅"家庭休闲、娱乐的场景格局后，一方面，电视媒体若想维持自身在"家庭"场景中的优势地位，就必须成为更具吸引力、更加开放、功能更加丰富的媒介；另一方面，电视应放弃固守"客厅"的思维，积极融入新的媒介环境中，成为适用于多种媒介场景、人们随时随地可以便捷使用的媒介。只有不断与新兴媒体紧密联系，电视才能成为多媒介复杂系统中不可或缺的集成性、集合性、可搭载的一环。

近年来，为了实现多功能、多场景的拓展，智能电视、互联网电视、社交电视发展得热火朝天，在"互联网＋"模式下的"电视＋"的生态模式发展愈发明显，"大屏幕，聚集智慧生活"成为电视的发展方向。"电视＋"的发展模式代表着电视媒体走向以用户需求为中心的智能化、多媒介、生态化的方向。

（三）电视向多终端的拓展

互联网技术、数字技术和计算机技术是网络电视诞生的基础，网络电视和移动电视拓展了电视终端的物理使用范围。从物理空间上看，从原有的家庭固定装置发展成移动电视、网络电视、楼宇电视。但由于在功能和体验上无法很好地满足受众的需求，电视公共空间的传播发展较为缓慢，反而是以 PC、手机为代表的网络电视与移动电视，在更加个人化、私密化的空间上得到了引人瞩目的发展。

在观看体验上，从被动性观看的接收体验，衍生出 3D 电视、交互电视、社交电视等沉浸感、交互性更强的电视终端。3D 电视是指利用 3D 技术，使观众裸眼或者借助 3D 眼镜在收看电视时可以体验立体显示效果，通过电视观看 3D 电视节目或电影，增强了电视的娱乐性与体验性的技术。数字技术带来的"三网融合"，使电视的交互功能开发成为可能，这种交互能够实现传者与受众的互动，给受众带来全新的体验。社交电视的发展伴随着人们社交需求的增强，随着社交网络、即时通信的发展，网络世界的社交活动成为人们生活中的重要组成部分。社交电视使用户在收看电视的同时，能够进行通信、互动或其他与电视内容相关的社交化行为。社交电视所涵盖的社交内涵系比交互电视更为复杂，它既可以让用户通过电视屏幕访问社交媒体，还可以作为支持用户进行社交互动的平台。社交电视通过电视屏幕可以快速方便地分享信息，实现社交体验与观看电视体验的结合，丰富电视用户的体验范围。

从媒介进化角度看，技术的发展带来了电视媒介形态的变革。网络视频媒体平台，视频类手机客户端如优酷、爱奇艺、腾讯视频、芒果 TV 的发展，皆源于传统电视的传播样态内核发生了突破时间、空间的变异，在优化延伸电视功能的同时，产生了区别于电视传播的个性特征，在数字时代形成了相辅相成、互为补充、融合与竞争并存的发展模式。移动网络视频媒体，如熊猫、斗鱼、映客等直播平台，更是产生了更深层文化变异的新媒介产品。在以影像传播为核心的基础上，草根性、开放性、随意性、去中心化的特征彻底颠覆了传统电视程式化、闭合性、中心化的传播特征。

二、"电视＋"服务体系中的电视媒体

电视媒体与其他娱乐休闲内容、其他媒体的互动结合，能够丰富电视的服务内容，带给观众更丰富的体验。电视节目内容与手机 App 内容的互动，增强了电视的参与性与体验性，电视与电商的合作，使电视互动的功用性得以开发。"电视＋"模式在横向上拓展了电视内容服务的宽度，搭建了电视媒体能够提供给用户的一些新的媒介场景。

（一）"电视＋App"增强电视媒体的体验性

湖南卫视一直是"电视＋"模式的积极探索者，也是电视创新生态的积极建构者。正因为在改革道路上的积极应对，其一直占据佼佼者的地位。2016 年推出的《我想和你唱》是在"电视＋"模式下的又一突破与创新，这档节目每一期都会邀请三四位歌坛巨星和普通观众进行合唱，所有的观众或素人都可以通过"芒果 TV"和"唱吧"App 进行线上"合唱"，即与歌手提前录制好的音频合唱，获得点赞数量最高的参与者则有机会到节目现场参与录制，与歌手现场合唱。有手机便可以实现素人和歌手的合唱，并有机会到现场和"手机中的歌手"组成完美合唱组合，节目的互动性与开放拥抱新媒体的姿态及诚意毋庸置疑，这也革新了电视媒体的参与方式。

通过第三方平台将用户的特长嫁接到电视内容中，形成了多平台、多媒介的共同生产模式。手机视频直播作为新的媒介形态在 2016 年有了较大的发展，成为炙手可热的社交互动平台。湖南卫视迅速反应，将直播形式应用到电视节目中，推出了"直播互动概念"节目——《夏日甜心》。这档节目以综艺女主播为主要人物，采用新鲜的"电视＋直播"的模式。在节目现场布置生活化情境的直播间，女主播进行限时直播赢取现场观众和嘉宾通过手机送的"甜甜圈"，当"甜甜圈"达到一定数量时，该主播就要走出直播间，与观众正式见面。之所以将其定义为概念性节目，主要原因是节目并没有真正连通电视与电视机前观看电视节目的受众，而是以现场观众作为代表，以视频直播的方式进行互动。这种概念式的模式已经让我们看到了"电视＋"的魅力与未来发展的空间，相较于《我是歌手》决赛中对视频直播平台的应用，这在生

态互动意识上更为超前。

"电视＋"模式使电视成为搭载多媒体应用的生态平台。多媒介共同形成立体生态的互动链融入用户的物质生活与精神生活，并将逐步建立新的媒介社会秩序。"电视＋电商"的"感官＋消费"，增强了电视媒体的功能性。2015—2016 年电视互动出现了许多生态互动的尝试性作品、概念性作品。比如，东方卫视和电商平台的 T2O 模式节目《女神的新衣》《鲁豫的礼物》等；湖南卫视与"唱吧"App 共同打造的《我想和你唱》；湖南卫视"直播概念"选秀节目《夏日甜心》等。与其他媒介平台的合作成为生态互动起步的重要手段，更加突出了"电视＋"生态圈的多功能性与立体生态化的互动方式。

T2O 是 TV to Online 的缩写，在 T2O 领域中摸索较早且尝试最多的就是湖南卫视。2006 年成立的"快乐购"购物平台被指定为综艺节目《花儿与少年》产品的官方售卖平台，但"快乐购"在销售方面不及淘宝，宣传作用大于售卖。因此，《爸爸去哪儿 2》没有选择"快乐购"作为销售渠道，而是入驻了淘宝。2010 年《越淘越开心》节目与淘宝合作了嗨淘网，但并没有拿出傲人的成绩。2014 年初，中央电视台《舌尖上的中国 2》的"舌尖系列"产品不仅在淘宝上进行售卖，还进行了电视节目的周边产品的销售活动。东方卫视《女神的新衣》不是最早试水 T2O 模式的电视节目，但却是最为大众所熟知的代表性作品。

尽管都是 T2O 模式的探索，但《女神的新衣》的核心价值产生于其销售的节目核心产品，而并非节目下游或节目周边产品。该节目通过邀请设计师与女明星组队在 24 小时内制衣，再由女明星进行 T 台走秀，通过现场服装品牌买家竞拍，天猫实时销售，实现了节目内容、电视平台与大众的实时互动。此举推翻了原有电视内容制作的营销模式，电视平台作为渠道，实现了设计、生产、推广和销售的渠道通畅，使受众进入各个步骤的情境。电视节目与电商的融合是感官与消费的结合体，在轻松娱乐的互动性传播和交流中，摆脱电视广告的单向性，助力"电视＋"模式下的新营销模式，进而构建了"娱乐＋购物"的电视场景。

（二）"电视＋体验技术"：感官互动增强的未来电视

随着 3D、VR 等新体验技术的发展，人类从互动感知到互动体验都将随之进入一个新的变化。2009 年，《阿凡达》《爱丽丝梦游仙境》等 3D 电影的公映，使 3D 从概念阶段开始进入大众的日常生活，由此带来的 3D 潮流也迅速发展到电视领域。"3D 电视是一种可以效仿现实景物的现实空间关系的新类型电视，它利用人眼的视觉特性引发立体感，让观众感受到影像具有深度特征的三维立体场景，延伸于屏幕前的景物具有触手可及的震撼效果。3D 电视是全新科学技术与文化结合的全新产品，电视的功能、表现形式都得到极大的丰富，开发了电视消费的新范畴"。

VR 也称人工环境，是一种可以模拟视觉、听觉、触觉，让人产生身临其境之感的技术。一些专家学者认为："VR 影视将成为中国电视融媒体产业化发展新的增长空间，电视融媒体产业拓展了传统电视产业的业务范围，在原基础上延伸向网络视频、智能终端设备等视听新媒体领域"。电视与 VR 技术的结合，将为受众提供更生动的虚拟互动和更加丰富的虚拟场景。电视的生态在场景时代，将进一步覆盖满足人类生活需求的场景，并且通过与新技术的结合，创造人类需求的新场景。

三、立体生态链上的电视媒体

在场景时代，电视的生态将会发生更加具有突破性的变化，电视与新媒体的融合发展将促进电视内容生产、传播、收视新模式的形成。随着电视多功能任务的实现，电视将成为最早进入智能化时代的家用电器。场景时代，电视媒体与其他媒体在互动的宽度上不断拓展的同时，在互动的深度上也在不断地挖掘，进而构建新的电视的互动媒介生态系统。

随着电视与网络新媒体互动融合的深入，从议程、渠道、终端到反馈的全生态互动链逐渐形成。议程设置的主体不再是唯一的独立媒介，各类媒体的互动使原有的设置流程发生了新的变化，电视则成为议程中大众传播效率最高且必不可少的一环。在议程设置流程上，从原本的传统媒体唱主角转变为网民通过各类网络渠道发布消息，提供新闻线索，各类媒体跟进挖掘事件的背后深层次内容，选取适合自身的报道角度，电视媒体再根据话题的讨论热度与合适的时机加入话题讨论，并进行大众化的传播。值得注意的是，在这一过程中，极易出现网民之间已经形成热议话题、有了非常广泛的讨论基础，各类媒体才争相加入的情况。因此，在新的议程设置环境下，媒体的反应速度和应变能力成为新的挑战。"为了实现最大化的传播效果，各媒体通过合作的方式进行优势互补，展现合作带来的传播强力"。在渠道上，一方面是内容上的交流共享，另一方面是渠道本身的互动。如今的网络新媒体已经具备了内容生产能力，而不再仅仅作为传播渠道对传统媒体起补充性作用。

一些商业媒体集团抓住电视在网络时代的转型需求，创造了符合电视与网络新媒体互融共生的生态链。比如，曾经风光无限的乐视网，虽然当前已经走向没落，但其创造了全生态链模式，将内容、网络、云技术、智能技术结合起来，打造了乐视的超级电视。一方面，乐视网利用其本身作为一家主流视频网站积累的物理总带宽，打造了云视频开放平台，搭建起了一条视频传输的高速公路，从而具备了传统电视生产厂商不具备的优势；另一方面，乐视网购买及生产大量的内容版权，也丰富了产业上游的资源。在电视的智能性上，通过全视频桌面，将网络的多窗口特性运用到电视中，用户在聊天、购物、观看的同时得到了一种满足。乐视网的全生态链模式，在一定程度上可以看作未来场景电视的生态模式的雏形。将互联网与电视真正地融合并生成一种新的系统的概念与意识，也是具有未来性的一种理念。

电视媒体除了为受众提供丰富的电视节目之外，还可以为用户提供电视购物、餐饮娱乐、远程教学、缴费付费、视频点播、社交互动等多种多样的服务内容，这些增值服务进一步巩固了电视的家庭性、伴随性、服务性。检索、剪辑、转载评论功能，提升了内容服务的互动性、时效性、受众主动性，增强了私人化特征，使得电视具有了开放性、定制性、主动性等弥补性功能。在传播方式上，从点对面的单一、单向传播向点对点、点对面的多向传播共存转变，电视的交互性得到极大的提升，电视由一种单一功能媒介向多媒体平台转变。因此，"平台是一种实现双方或多方主体互融互通的通用介质"。通过与网络技术的链接，原本封闭性、家庭性、被动性的电视，将具备开放性、个人性、主动性的特征，满足用户的多重需求。电视将成为会聚性媒介，以异质性特性满足受众的不同需求：既能传播大众化普适性的内容，也能传播具有开放性的内容；既可以是一家人团圆时共同的娱乐项目，也可以提供私人定制化的服务；既可以满足受众被动接收的需求，也可以实现主动检索的愿望。电视将成为一个具备全方位服务功能的会聚融合平台，向人类生活的全场景环境融入，创造私人化与家庭化、娱乐化与信息化共生的媒介场景。

保罗·莱文森的"人性化媒体"理论认为，"人类发展了媒体，所以媒介越来越像人类；媒介并不是随意地演化，而是越来越具有人类的传播的形态"。以"人性化"媒体理论来思考媒介融合，可以发现，媒介融合不是内容的多渠道传播，而是个人信息的多渠道汇合；不是媒体机构的合并，而是各类媒体在一个平台上的聚合，最终符合完整的人性化媒介生态。微博是内容集成平台的范例，是多渠道信息的汇总，可以基本还原人的现实生活接触环境。无论媒体走何种融合路径，就受众的选择而言，都更偏向于通过一个渠道获得更多、更全面的信息，受众需求的形象表达，相较于"一云多屏"而言，是"多云一屏（平台）"。两端多云是会聚型可持续发展平台的形象描述，即建设应用于电视端、移动端（包含 PC 端）的视频会聚型平台，从人性化视角出发强调人口的简便性、内容的集成性；会聚型平台是综合性服务平台，融集成资源、响应需求和创造价值于一体，既服务于供应商、受众，又服务于公众利益。

第六章　电视融合转型中的可持续发展原则及实践

可持续发展是指在发展经济的同时，充分考虑环境、资源和生态的承受能力，保持人与自然的和谐发展，以实现自然资源的永续利用及社会的永续发展。我国电视媒体行业在经历了多年的高速发展之后，正面临日益激烈的新媒体竞争。按照科学发展观的理论精髓，可持续发展原则与模式应当是主导未来我国电视媒体各项政策改革及制度建设的主要基点。

第一节　电视融合新媒体的可持续发展原则

本节提到的可持续发展是指"在电视媒体融合新媒体的过程中，在统一的机制、规则规范下，以统一的标准，通过计算机网络形成集中和分布式系统相结合的共享体系，从而实现信息的相互自由传递及信息的无偿和有偿共享"。因此，建立公平的合作伙伴关系，推进国际的广泛沟通与合作，确保资源的共有共享，媒介环境、生态的平衡协调，以及可持续发展中的公平性、共同性、持续性、需求性原则，是电视融合新媒体可持续发展的关键所在。

一、公平性——保证电视融合新媒体发展的公平

可持续发展观中的公平性原则是指同代人之间的公平、代际的公平、资源分配与利用的公平，它既包括同代内一个地区的发展不应以损害其他地区的发展为代价，也包括代际的既满足当代人的需要又不损害后代的发展能力。该原则认为，人类各代都处在同一生存空间，他们对这一空间中的自然资源和社会财富拥有同等的享用权和生存权。从可持续发展的理论内涵来看，在电视媒体与新媒体互融互通的诸多环节中，都要保证电视媒体发展与新媒体发展过程中的公平性，这主要体现在以下三个方面：

第一，横向公平性，主要是指同一媒介环境下，电视媒体之间、新媒体之间及电视媒体与新媒体之间的均衡发展，即一个行业的发展不应以损害其他行业的发展为代价。从湖南卫视、上海文广、凤凰卫视这三家地方电视媒体的网络新媒体发展来看，它们的新媒体发展之路也是紧紧依托母体电视台。比如，凤凰新媒体的前身是1998年成立的凤凰网，芒果TV是湖南卫视新媒体金鹰网旗下的网络电视台。

第二，纵向公平性，主要是指在不同的历史发展时期，电视媒体与新媒体融合的整体均衡发展既要满足当下环境中媒介发展的需要，又不能损害未来媒介的发展能力。比如，中央电视台除了与内部网站进行捆绑联动之外，还在发展中不断探索与外部网站的多元化战略合作，组建了全国最大规模的"全国网络视频联盟"，利用互联网全面带动了央视节目的传播力和影响力。

第三，资源分配与利用的公平，对有限的视频内容资源、传播渠道资源及有限的受众需求资源的共享，电视媒体和新媒体都拥有相对同等的资源使用权。例如，中国网络电视台充分依托其母体中央电视台庞大的视频资源，深度挖掘了40万小时的历史库存节目，整合归纳了中央电视台22个开路电视频道、41个上星地方卫视，以及两路数字电视频道的高清、标清网络视频直播业务，日均新节目制作量达到500小时。

要保障媒体融合中的公平性，要做到以下几点：

首先，要构建一套较为完善的法律体系，协调不同媒体行业之间的法律关系。在媒体融合环境下，以往那种分行业、分部门分别立法的模式已经不能适应新的发展需要。例如，不仅要制定相关法律条款以降低电信行业的竞争门槛，打破行业壁垒，还

要为电信和广电的互相进入提供相应的法律支持，使业务监管做到有法可依。此外，必须明确管理职责，在符合正确意识形态的基础上适当放开广电领域，从而在法律法规的层面打破进入市场的壁垒，促进市场有序竞争。

其次，要成立独立的监管机构，让其统一监管。在我国，广电网、互联网和电信网分属于不同的行业，都属于分行业监管的范畴。其中，广电网作为宣传部门，由国家广播电视总局管理，而互联网和电信网则由工业和信息化部管理。广电网、互联网和电信网各自为政的模式容易限制媒体融合中部分业务领域的拓展，也不利于行业的持续发展。因此，使广电网、互联网和电信网能够在同一信息平台系统上传输内容并提供服务，是电视媒体融合视听新媒体的必由之路。对此，监管机构的职责范围要有明确的法律授权，管理的范围应该涉及广电网、互联网、电信网之间业务融合的交叉领域，使其都能依照法律行使自己的监管职能。

二、共同性——协调电视媒体与新媒体的共同发展

虽然在具体操作中，可持续发展的模式各有不同，但在追求公平性和持续性的发展要求和发展方向上是共同的。只有全媒体行业共同努力，才能协调各方利益，实现媒体融合中可持续发展的目标，进而实现电视媒体与新媒体的共同发展。媒体融合是一个双向共享的过程，媒体融合发展的整体性和传统媒体与新媒体的相互依存性决定了必须协调电视媒体与视听新媒体的共同发展，具体表现在以下两个方面：

（一）信息内容共享

在我国，媒体除了发布信息以外，还担负着社会舆论引导和宣传窗口的责任和义务。一些重大事件和政策，通过传统媒体和新媒体的独自和集中报道，其信息传播和宣传效果达到最大化，体现了媒体的社会价值。例如，在2010年南非世界杯期间，CNTV与酷6网合作，摆出了中央电视台电视直播、中国网络电视台网络直播、合作伙伴网络直播三大阵势，形成了强大的报道力量，全面提升了中央电视台在网络领域的传播影响力，实现了传播效果的最大化。

（二）传播渠道共享

传统媒体具有成熟的行业规范和品牌优势，以及丰富的内容价值优势，这恰恰是新媒体发展中极为需要的；而新媒体具有迅速、信息量大和交互式传播的竞争力，这又恰巧是电视媒体所缺乏的。一方面，传统电视媒体可以为新媒体提供内容资源；另一方面，电视媒体也可以通过新媒体的传播渠道扩展其发展空间。电视媒体与新媒体在融合发展中实现了优势整合与互补合作。例如，国内视频分享网站56.com与香港电视广播有限公司（TVB）合作创建的tvb.56.com，是二者长期深度合作、共同发展的产物。TVB提供高质量的视频内容以丰富56.com的视频资源库，56.com则利用其庞大的用户群效应进一步强化TVB在内地的品牌效应，从而实现双方共同的增值增效。以新浪视频、腾讯视频为代表的门户类视频网站，以及以PPS为代表的视频直播类网站，也都与上海文广、凤凰卫视等内容提供商积极建立合作关系，形成优势互补，从而达到"双效"、双赢。

三、持续性——维持电视媒体应对媒介环境动态变化的能力

在促进电视媒体的融合发展进程中，不仅要满足电视媒体发展的需要，还要有相应的管理制约因素。持续性原则的核心在于人类的经济和社会发展不能超过资源与环境的实际承载能力，从而真正地将人类的当前利益与长远利益有机结合。因此，持续性是电视融合新媒体实现可持续发展的关键和重中之重。

一方面，要做好媒体资源库的更新与维护。随着各种传播渠道对视频内容需求的持续性增长，做好视频资源库的更新与维护工作显得尤为重要。以光线传媒为例，其发展的定位就是"中国最大的多媒体视频内容提供商和运营商"。光线传媒聚焦娱乐领域，见证了中国娱乐界的风云变幻，成为影视音乐作品、明星和娱乐事件首选的信息传播平台。光线凭借其国内最大的娱乐视频资料库，在"三网融合"和视频数字化时代，为光线传媒内容经营提供了广阔的空间，也成为各级电视台的首选合作伙伴。中央电视台也在大力推进包括现有的音像资料库、视频发稿中心和国家网络电视台视

频生产基地，打造"三库互通"乃至"三库合一"的立体传播平台，以应对各种传播渠道对视频内容需求的持续性增长。

另一方面，电视媒体与新媒体的融合发展要紧随媒介环境的动态发展步伐，这也是保持其持续性至关重要的一点。视听新媒体是媒介发展历程中呈现出来的一种最新形态，是区别于报纸、杂志、广播、电视等传统媒体的、具有交互性和时效性、海量性和共享性、全天候与全覆盖等特征的一种崭新的媒体样式。它会依据媒介环境的变化呈现出阶段性的特征，但就其发展过程而言，这些具有表征性的特征也是动态的、不断发展变化的。所以，电视媒体在与新媒体进行融合发展的过程中，也要根据经济、政策、社会的发展，以及媒介环境的变化，相应地调整发展策略。与此同时，面对技术的更新换代和市场需求的不断变化，媒体融合发展之路也要做好相应准备。例如，CNN 是在电视领域进行媒介融合的先行者之一，其媒体融合举措与时俱进，不仅率先在电视界开展与网络融合的工作，积极致力于网络建设、移动视频及其他数字化服务，还在重要事件或重要时机抓住机会与新媒体合作。具体来看，CNN 媒体融合战略的具体策略主要体现在三个方面：其一，通过线上互动、电视网播出、线下服务相结合的"三点多面"的方式全面铺设传播网；其二，实施科技先导战略，积极与新媒体及新技术结合，占领新媒体制高点；其三，实施跨平台销售，实现盈利的可持续发展。

四、需求性——满足电视媒体受众日益增长的需求

电视融合新媒体的可持续发展之路，需要以"以人为本"的可持续发展价值观为中心，从需求性原则出发，贯彻"以用户为中心"的传播理念，积极推进和使用新技术，力求发挥出新媒体交互性特色的最大功效。随着媒介终端发展的多元化，个体的媒介使用行为也普遍趋向碎片化，受众大多按照自己的需求来使用新媒体，他们的收看时间和收看方式的安排往往是分散化、即时性的，内容需求也是极具个性化的，以往传统电视媒体那种一对多的传播模式显然难以满足这一崭新的市场需求。新媒体受众与传统媒体受众的最大不同之处在于，新媒体受众不再是被动地接收信息，而是成

为主动的媒体消费者。因此,在受众本位的传播理念下,电视媒体也要根据受众需要进行信息个性化定制,并逐步强化新媒体传播领域的服务功能。

(一)信息个性化定制

随着多样化媒介形态的出现,用户的网络行为特征日趋多样化和复杂化。然而,大多数的电视媒体开展网络视频业务仍旧停留在简单的视频分享、直播业务上,缺少明确的差异化经营理念,就更不用提针对受众的个性化定制了。在"用户自有服务"的网络时代,网民拥有更大的自由度来选择丰富的广播电视节目,如新兴的视频分享、简易聚合节目单能让网民在线自行订购喜爱的电视节目信息,通过与受众互动的网络功能,还能制作深度节目。音视频传播的差异性应该体现在点播技术和直播技术的融合、社区互动业务的情感诉求、内容的时效性和更新速度的需求等方面。

(二)多元化用户服务提供

从用户市场看,用户对视频的需求与消费结构呈现出多元化特点。在用户多元化的需求下,电视媒体不再仅仅是内容生产者,而应当向集点播、录制、回看、搜索、关联、链接、关注、跟踪、评论、推荐等新型收看方式于一身的综合性生活服务平台转变。例如,上海文广新闻传媒集团的 IPTV "百视通",在打造视频内容的基础上,提供了包括视频通话、电视购物、电视支付、娱乐等多元化的互动应用,原来的电视观众也随之变为电视用户;央视网推出的客户端"央视频",可以帮助用户方便快捷地同步直播、点播中央电视台各频道的各个节目,同时浏览央视网的全部内容,用户的反馈也可以直接通过客户端进行收集。无论是上海文广的互动服务,还是央视网的便捷点播,电视与新媒体的资源重组都通过用户与用户之间的交流分享实现了内容的增值,扩大了内容的服务体系。

在新的媒介技术条件下,媒介融合将进一步使传播内容的生产出现更细致的分化,以满足受众个性化的需求。例如,对同一新闻事件的报道,可以先用最快的速度和最简洁的语言通过互联网或无线短信发出,以满足部分生活节奏快且只需了解事实梗概的年轻人和上班族,然后将载有对新闻事件及相关背景详细介绍的报道见诸报端，这也许是时间较为充裕且对事件的经过有浓厚兴趣的中老年读者的最好选择。因此，传统电视媒体应当构建以个体用户为中心的信息整合方式，以满足用户日益增长的对新闻专业性与个性化的需求。只有以受众为传播中心，重视用户的需求关注，才能提高受众的满意度和忠诚度。

第二节　电视融合新媒体的可持续发展路径

传统电视与新媒体之间存在诸多差异，要想真正实现全方位融合，就需要建立数据库。当前，对数据库的开发、建设及应用已经成为两者融合发展策略的核心基础和最新形态。未来，两者融合发展的基础不再仅仅是节目内容、聚合渠道、优化路径、多媒体终端建设等，而是构建"全能数据库"。其中，资源数据库和消费者数据库两个子系统的建设是最为紧迫的。

一、电视资源数据库建设

电视媒体融合新媒体的过程就是对不同行业的信息传输平台和网络系统进行整合的过程，这就要求构建一个完整的媒体资源数据库，这也是实现媒体融合层面的可持续发展信息共享所必需的第一步。以资源数据库为核心，实现内容资源整合，新闻内容信息的"一次生产、多次出版、多渠道发布"。通过整合利用电视台资源和品牌优势，开发利用社会资源，搭建网络平台、数据平台、移动平台、商务平台，完成全媒体、全覆盖两项战略任务。

可持续发展信息共享的关键在于信息共享的标准化、规范化。因此，在资源数据库的构建过程中，要实现其资源共享的主要功能，要先建立共享的政策与机制。建立资源共享的机制和管理办法是实现可持续发展信息共享的前提，也是保障包括共享行为、经济和社会效益及法规因素在内的可持续发展信息共享的基础，更是实现可持续发展信息共享的主要途径。另外，还要建立资源库系统之间共同的数据规范和标准，制定完整的、统一的、普遍接受的标准和规范。构建一个完整的多媒体资源库，能够保障电视台内部对视频资源内容的存储、复制功能的实施，这样的资源数据库不仅能支持传统电视媒体完成多媒体数据加工的业务，完善视频资源库的交互服务能力及专业化服务手段，还能够全面提升智能化及自助式个性化的服务能力。

资源数据库能够实现内容资源的统一策划、采集和生产，即树立"大编辑部意识"，并逐步建立起资源共享的信息处理平台。新媒体格局呈现之初，就视频内容而言，传统电视媒体和新媒体各自为政，即使隶属于同一个部门，内容生产也是单独进行的，这就造成了资源的极大浪费。就国内而言，中央电视台走在国内传统电视内容生产分发平台建设的前列。从 2006 年开始，中央电视台先后取得了网络视听节目服务、手机内容服务业务、公共视听载体业务、IPTV、互联网电视等经营牌照，加之其享有的自主采编权，从而形成了中央电视台实现融合新媒体发展的独特优势。在台网融合战略实践中，中央电视台对音像资料馆、视频发稿中心和中国网络电视台生产基地等三个视频库的建设，不仅考虑到实现音像资料馆、视频发稿中心、网络电视台视频生产基地的"三库互通"，以及"三库合一"的格局，还打造了多终端、多渠道、跨平台立体传播资源基础。通过数字化存储和网络传输，一方面满足了全台各个部门对资源共享共用的需要，避免视频节目的重复采编制作和闲置浪费；另一方面极大地满足了国内外市场和用户的需求，实现商业价值。

二、电视消费者数据库建设

消费者数据库在一些商业销售行业的应用已经较为普遍，这些企业拥有配套的软硬件及相对成熟的管理服务体制，纷纷通过消费者数据库的信息来打造属于企业自身的品牌核心价值。但对电视媒体来说，消费者数据库似乎还是一个新鲜事物，目前有关电视媒体"消费者"的数据也基本上被一些外国公司所掌控。因此，构建一个属于电视媒体自身的消费者数据库势在必行，具体做法有以下两个方面：

（一）完善长年积累的受众数据及拓展的新媒体用户数据

消费者数据主要由静态数据和动态数据组成。静态数据是基本数据，指电视受众或用户的年龄、性别、受教育程度、家庭住址等信息；动态数据是指电视受众或用户用手中的遥控器做出的选择，即受众与媒体之间的互动数据，也是用户的反馈信息。构建消费者数据库之后，就可以对传播对象进行跟踪分析，以促进传播效果的积累，在竞争中处于有利地位。媒体只有明确了用户是谁、需要什么，才能提供相应的内容。通过整合和深入研究，把这些真正有用的数据沉淀下来，就会变成细分化的业务需求。从这个层面上看，消费者数据库建设既是传统电视媒体业务拓展的需要，也是全媒体发展的需要。

（二）要建立以用户需求为中心的数据库

掌握了用户数据，就要做好目标营销，即要满足用户个性化的需求。无论是实现传统电视转型，还是建立多媒体产品加工中心，都需要建立一个全方位、海量化、专业化的数据中心。首先，从资源的采编、节目的播出及应用服务等方面，统一汇总相关数据；然后，按照年龄、学历、地域及消费能力，分层次地对用户的需求做分析，针对需求进行互动。将用户细分之后，就可以以电视媒体为支撑，把分众媒介形式融合起来，进行网络视频、IPTV、手机视频等延伸产品的分众推送，实现电视、网上、掌上覆盖的全面化，以保证推送的精确化。通过提供系列产品，以满足用户各种需求。同时，网络、手机等渠道也能帮助直接了解用户情况，用户的反馈亦能直接指导内容生产。通过多种媒介综合满足用户需求，有利于增强用户的忠诚度。

电视媒体的品牌价值是消费者赋予的，而要实现这一价值，最直接的因素就是受众的满意度和忠诚度，但这只能通过与受众和用户的交流互动实现。消费者数据库营销手段的出现为电视媒体和新媒体提供了一个深度融合发展的契机，使电视媒体与新媒体的营销组合策略更为合理。一个完整、权威、有效的消费者数据库，才能够更好地为受众和用户提供有针对性的服务，满足受众和用户的信息消费需求。

目前，我国传统媒体正在经历一场"被"新媒体重塑的革命性变革。研究媒介形态演变的学者罗杰·菲德勒在《媒介形态变化：认识新媒介》一书中指出，媒介形态变化的六个基本原则：①共同演进与共同生存。一切形式的传播媒介都在一个不断扩大的、复杂的自适应系统内共同相处和共同演进。每当一种新形式出现和发展，它就会长年累月不同程度地影响其他每一种现存形势的发展。②形态变化。新媒介决不会自发地和孤立地出现，它们都是从旧媒介的形态变化中逐渐脱离出来的。当比较新的形式出现时，比较旧的形式就会去适应，并且继续深化，而不是死亡。③增值。新出现的传播媒介形式会增加原先各种形式的主要特点，这些特点通过被称为语言的传播代码传承下去。④生存。一切形式的传播媒介，以及媒介企业，为了在不断改变的环境中生存，都被迫去适应和进化。它们仅有的另一个选择，就是死亡。⑤机遇和需要。新媒介并不是仅仅因为在技术上的优势而被广泛地采用。开发新媒介技术，总是需要机会，还需要有刺激社会的、政治的和/或经济上的理由。⑥延时采用。新媒介技术要想变成商业成功，总是要花比预期更长的时间。从概念的证明发展到普遍采用至少需要一代人（20~30 年）的时间。而在实践领域，许多传统电视发展新媒体的路径还停留在"台网联动"的层面，并没有将新媒体从附属业务的定位中转变过来。随着网络视频化的趋势日益明显，传统电视必须认识到新媒体是媒介发展格局中的大势，传统媒体必须尊重新媒体时代的信息传播与服务规律，并进行重构、再造与创新。

三、数据库建设体现受众本位的市场价值理念

近年来，对传媒经济本质的论述众说纷纭。其中，注意力经济、影响力经济、受众经济等概念受到一定的认可。传媒产业需树立市场观念，即按市场需求调整生产。对媒体而言，就是要根据用户市场的变化来调整内容生产，以内容消费者——人为中心。

无论电视媒体与新媒体如何融合发展，都离不开对电视资源数据库和电视消费者数据库的建设、深度挖掘和加工，从而形成受众资源经济。作为一种战略性决策资源，受众经济是电视融媒体产业的竞争核心。无论是注意力经济还是规模经济，都是基于一定的受众基础形成的，受众是盈利的创造性源泉。传统广电传媒应该顺应互联网时

代媒体融合发展的规律，发挥粉丝经济与共享经济的价值，着力提升广电传媒在社交网络中的传播力和影响力，提升产品内容及其相应增值服务的受众关注度，挖掘不同社群、不同社会关系网中的内在需求，为电视产业拓展空间。对电视媒体管理者与运营者来说，除了密切关注和挖掘受众的注意力资源外，跨区域媒体资源的整合也尤其重要，因为受众群体是当前跨区域媒体资源整合的重要力量。跨区域媒体资源整合要准确洞悉不同区域受众的个性化需求，优化差异化传播范式，实现传播在区域建设的后继效应，推动区域整体媒体资源建设的升级转型。在媒体融合背景下，出现了广泛的非媒介的内容生产者，电视观众也从单向受众转变为生产消费者。因此，构建用户数据库和打造基于用户的产品系统成为广电传媒挖掘用户需求的必经之路，进而根据用户的全面数据，构建出用户社群体系，对用户个人资源及需求进行深度挖掘，实现产品与用户、用户与用户、用户与服务之间的全面融合。

当前，在新的媒介融合生产模式中，最大的变化就是媒体与受众关系的重构，受众转型为用户，不再是节目收视链条的终端。内容仅仅是价值传播的人口，通过内容对受众进行引流，从而提高传播效率，获得长尾效应，这才是电视融媒体的价值所在。当下，电视节目已经从收看转变为使用，观众的身份也从受众变成用户，注意力经济、体验经济等成为新经济形态。媒体融合的核心是集聚用户。"互联网＋"下的媒体融合必须要坚持把占有用户、发展用户、集聚用户、服务用户作为根本目标。在后电视时代，互联网与传统电视融合并进，新媒体带来了传播方式的变化。电视产品、内容从原来的线性传播到如今依托用户的社会关系网络进行发酵，通过利用社会关系这一强大的生产力，推动了传统电视融媒体升级。

参 考 文 献

[1]孙光磊.电视媒体创意扩散机理及模型研究[M].北京：中国社会科学出版社，2018..

[2] 张蓝姗.媒介融合：电视＋互联网的跨界与转型[M].北京：清华大学出版社，2019.

[3] 王长潇，孙宜君，梁天屹.重构、融合与再造：电视媒体的战略转型[M].广州：广州中山大学出版社，2021.

[4] 孙宜君，王长潇，王建磊.融合与变革：融媒时代电视传播研究[M].北京：中国社会科学出版社，2020.

[5] 张雯雯.融媒体时代中国电视文化身份论[M].昆明：云南大学出版社，2018..

[6] 徐锐.农村公共服务中电视媒体的平台化转型[M].北京：中国社会科学出版社，2022.

[7] 陈小娟.媒体融合背景下对农电视媒体核心竞争力研究[M].北京：中国社会科学出版社，2018.

[8] 金海鑫.社会化媒体背景下中国电视媒体的融合发展路径研究[M].北京：清华大学出版社，2021.

[9] 闫勇，李瑶.电视媒体融合发展的探索与实践[M].北京：九州出版社，2018.

[10] 柴巧霞.电视媒体中的环境公民身份建构研究[M].北京：中国社会科学出版社，2017.

[11] 白传之，马池珠.电视媒体融合创意论[M].济南：山东人民出版社，2020.

[12] 魏正聪.电视媒体与社会核心价值观传播研究[M].北京：科学出版社，2022.

[13]谭天.融合与转型：重构中国电视[M].北京：中国广播影视出版社，2017.

[14]李永健，张弛，荣文雅.广电传媒的转型发展与人才培养[M].北京：社会科学文献出版社，2021.

[15]陈硕，刘淏，何向向.融媒体时代：电视新闻节目的创新与转型发展研究[M].成都：电子科技大学出版社，2019.

[16]赵斌.融媒体时代背景下电视媒体转型探讨[J].新闻传播，2023（1）：76-78.

[17]袁丽丽.移动互联网和传统广播电视媒体融合的路径探究[J].中国有线电视，2022（12）：64-66.

[18]韩烨清.媒介融合背景下广播电视媒体转型路径分析[J].文化产业，2022（34）：52-54.

[19]王晓聪，石勇.电视媒体的精准传播策略探析——以湖北广播电视台垄上频道媒体融合为例[J].新闻前哨，2022（23）：35-36.

[20]李晨.融媒体视域下电视媒体的转型之路[J].西部广播电视，2022，43（22）：35-37.

[21]王凡.新形势下电视媒体与新媒体互补发展策略研究[J].中国传媒科技，2022（11）：106-109.

[22]齐震.融媒体时代广播电视媒体的创新发展策略[J].西部广播电视，2022，43（21）：49-51.

[23]刘雨欣.融媒体环境下的电视媒体转型[J].新闻文化建设，2022（20）：148-150.